融媒体前沿研究丛书

大数据时代

高校财务数据分析与风险防控之路

周星秀　连长嵩　潘　苗　著

中国传媒大学出版社
·北京·

序 言

AI 取代会计？

当你推门走进一家线下实体银行网点，标准的声音向你问好："你好，请问需要什么帮助？"就像很多年前，你通过几行简单的编程使得"hello, world!"滚动在电脑屏幕上。一个新的时代正在悄然进入你我之间。

2016 年，德勤与 Kira Systems 联手，正式拉开了将人工智能引入财务工作的序幕。四大会计事务所的智能机器人中心均早早与多家企事业单位建立合作，提供财务自动化流程解决方案。

机器人投入到财务具体岗位之中，能够进行全流程的基础处理：比如去做发票的处理，开账单，记账和收款等工作。机器人为财务工作带来了效率的提升，帮助财务人员完成大量重复规则化的工作。其实，这里的机器人取代的是还仅仅停留在会计工作中那些重复性、缺乏创造性的程式化工作，属于用"自动化"取代了会计的传统作业。

如此"自动化"的初级应用足以敲响警钟，未来财务领域，不只是优秀的人和你我赛跑，更有一批不需要睡觉还会自动学习的真正 AI 机器人和你我赛跑。真正的人工智能，还具备音像识别、计算机自然语言处理、推荐系统、专家系统等功能，能够做到及时处理票据、缩短信息传递时间、保障容错率、快速准确汇总数据、减少做假账的漏洞空间等。未来人工智能还可能进行更高一级的财务数据处理和决策。相对于人工而言，它是节约单位主体人力成本和时间资源的全时域虚拟劳动力。

我们要何以应对AI? 唯有直面。新时代必造新英雄。财务人员要加强自身数字素养能力,转变思考模式,树立终身学习意识,终究人类与机器谁是最强大脑还很神秘。

回到最初的问题,AI取代会计真正的危机,并非会计这个行业因人工智能技术而消失,真正的危机,是传统管理与作业模式受到冲击之下,那些仍固守单一思维不接受新数据技术的人被替代。

毁灭永远是创造的必经之路,请不要做灰飞烟灭的樯橹,要当那个谈笑间利用新技术创造带来新一轮灰飞烟灭的舵手。

目录 MULU

第一章　大数据正在改变世界

第一节　大数据的发展历程

作为最早提出“大数据”时代到来的预言者，全球知名咨询公司麦肯锡称：“数据，已经渗透到当今每一个行业和业务职能领域，成为重要的生产因素。人们对于海量数据的挖掘和运用，预示着新一波生产率增长和消费者盈余浪潮的到来。”如今，大数据的广泛应用越来越彰显其优势，其占领的领域也越来越大，电子商务、O2O、物流配送、财务管理等，各种利用大数据的领域正在协助企事业单位不断地发展新业务，创新运营模式。

一　大数据的概念界定

业界对“大数据”的经典定义可以被归纳为“4 个 V”(简称“多快好省”)：

(一)海量的数据规模(Volume)

指代大型数据集，一般在 10TB 规模左右。但在实际应用中，很多企业用户把多个数据集放在一起，形成了 PB 级的数据量，并且这样的数据集很难再用传统数据库工具对其内容进行抓取、管理和处理。

(二)多样的数据类型(Variety)

数据类别多种多样。数据来自多种数据源,数据种类和格式日渐丰富,已冲破了以前所限定的结构化数据范畴,囊括了半结构化和非结构化数据。

(三)快速的数据流转和动态的数据体系(Velocity)

数据处理速度快。在数据量非常庞大的情况下,也能够做到数据的实时处理,从各类型的数据中快速获得高价值的信息。

(四)巨大的数据价值(Value)

大数据的价值性高。随着社交数据、企业内容、交易与应用数据等新数据源的兴起,传统数据源的局限被打破,企业越发需要有效的信息资源以确保其价值性。由于数据产生量巨大且速度非常快,必然形成各种有效数据和无效数据错杂的状态,因此数据价值的密度低。

以上是最被业内人士接纳的大数据的概念特点,也是本书后续进行数据平台搭建、数据分析挖掘的基石。

此外,百度将大数据的概念界定为巨量资料,指的是大数据所涉及的资料量规模巨大,以至于无法通过目前的主流软件工具,在合理时间内达到撷取、管理、处理并整理成为帮助企业经营决策的资讯。

《互联网周刊》认为,大数据的概念远不止大量的数据和处理大量数据的技术,或者所谓的“4 个 V”之类的简单概念,而是涵盖了人们在大规模数据的基础上可以做的任何事情,而这些事情在小规模数据的基础上是无法实现的。换句话说,大数据让我们以一种前所未有的方式,通过对海量数据进行分析,获得有巨大价值的产品和服务,或深刻的洞见,最终形成变革之力。

高德纳咨询公司提出,大数据是依靠新的处理模式才能具有更强的决策力、洞察发现力和流程优化能力的海量、高增长率和多样化的信息资产。

从数据的类别上看，大数据指的是无法使用传统流程或工具处理或分析的信息，其定义是指那些超出正常处理范围和大小、迫使用户采用非传统处理方法的数据集。

尽管对“大数据”的概念界定说法不一，但基本能达成的共识是，大数据是由数量巨大、结构复杂、类型众多的数据结构构成的数据集合，在合理时间内可以通过对该数据集合的管理与处理，最终使其成为能帮助企事业单位管理与决策的有用信息。它的数量如此巨大，以至于分析它需要多个工作负载。当现有的技术达到极限时，也就是数据的极限。面对大数据浪潮的侵袭，重要的不是如何定义“大数据”，而是如何使用“大数据”，最大的挑战在于，哪些技术能更好地使用和挖掘数据以及大数据的应用情况如何。

二　大数据的发展历程

由于大数据技术的特点和重要性，目前国内外已经出现了“数据科学”的概念，即数据处理技术将成为一个与计算机科学并列的新的科学领域。关于大数据的发展历程，主要可分为以下几个阶段[①]：

（一）大数据萌芽阶段（1980－2005 年）

1980 年，著名未来学家阿尔文·托夫勒的《第三次浪潮》一书将“大数据”称为“第三次浪潮的华彩乐章”。1997 年，美国宇航局研究员迈克尔·考克斯和大卫·埃尔斯沃斯首次使用“大数据”这一术语来描述不能被处理和不可视化的模拟飞机周围的气流，将“大数据问题”归结为数据集大到超出了主存储器、本地磁盘，甚至远程磁盘的承载能力。经过“9·11”袭击后，美国政府自 2002 年起已经涉足大数据挖掘以阻止恐怖主义，其组建了一个用

① 开放大数据需上升到国家战略层面[J]. IT 时代周刊，2015(5).

于筛选通信、犯罪、教育、金融、医疗和旅行等记录来识别可疑人的大数据库。2004 年,美国“9・11”委员会呼吁反恐机构组建“一个基于网络的信息共享系统”,以便能更快速地处理应接不暇的数据。

(二)大数据兴起阶段(2006-2011 年)

“大数据”在云计算出现之后才凸显其真正价值。谷歌在 2006 年首先提出云计算的概念。2007—2008 年,随着社交网络的激增,技术博客和专业人士为“大数据”概念注入新的生机,一些顶尖计算机科学家声称,“当前世界范围内已有的一些其他工具将被大量数据和应用算法所取代”,“应该深入参与大数据计算的开发和部署工作,因为它将直接有利于许多任务的实现”。2008 年 9 月,《自然》杂志推出了名为“大数据”的封面专栏。2009—2010 年,“大数据”成为互联网技术行业中的热门词汇。2009 年,印度建立了用于身份识别管理的生物识别数据库;同年,联合国全球脉冲项目研究了如何利用手机和社交网站的数据源来分析预测从螺旋价格到疾病爆发之类的问题;美国政府通过启动 Data. gov 网站的方式进一步开放了数据的大门,该网站的超过 4. 45 万量数据集被用于保证一些网站和智能手机应用程序跟踪信息,这一行动激发了从肯尼亚到英国范围内的政府们相继推出类似举措;欧洲一些领先的研究型图书馆和科技信息研究机构建立了伙伴关系,致力于改善在互联网上获取科学数据的简易性。2010 年,肯尼斯库克尔发表了大数据专题报告《数据,无所不在的数据》。2011 年 6 月,麦肯锡发布了关于“大数据”的报告,正式定义了“大数据”的概念。随后,这一概念逐渐受到了各行各业的关注,标志着“大数据”时代已经到来。2011 年 12 月,在工信部发布的物联网十二五规划上,信息处理技术作为 4 项关键技术创新工程之一被提出来,其中包括海量数据存储、数据挖掘、图像视频智能分析,这些都是大数据的重要组成部分。

(三)大数据发展阶段(2012－2016 年)

2012 年,“大数据”一词越来越多地被提及,人们用它来描述和定义信息爆炸时代产生的海量数据,并命名与之相关的技术发展与创新。数据正在迅速膨胀并变大,它决定着未来的发展,带来了思维变革、商业变革和管理变革。伴随着互联网的浪潮,“大数据”在各行各业中扮演了举足轻重的角色。2012 年 1 月,在瑞士达沃斯召开的世界经济论坛上,大数据是主题之一,会上发布的报告《大数据,大影响》宣称,数据已经成为一种新的经济资产类别。2012 年,美国奥巴马政府在白宫网站发布了《大数据研究和发展倡议》,这一倡议标志着大数据已经成为重要的时代特征。同年 3 月 22 日,奥巴马政府宣布将 2 亿美元投资大数据领域,这成为大数据技术从商业行为上升到国家科技战略的分水岭。

2012 年,美国颁布了《大数据的研究和发展计划》;英国发布了《英国数据能力发展战略规划》;日本发布了《创建最尖端 IT 国家宣言》;韩国提出了“大数据中心战略”;其他国家也相继制定了相应的战略和规划。2012 年 7 月,联合国在纽约发布了一份关于大数据政务的白皮书《大数据促发展,挑战与机遇》,总结了各国政府如何利用大数据更好地服务和保护人民。2013 年,英国政府宣布注资 6 亿英镑发展 8 类高新技术,其中,1.89 亿英镑用来发展大数据技术,旨在开放欧盟公共管理部门的所有信息。大数据掀起的变革,正在对现有的生产力和生产关系构成重要影响。2014 年 4 月,世界经济论坛以“大数据的回报与风险”为主题发布了《全球信息技术报告(第 13 版)》;同年 5 月,美国白宫发布了 2014 年全球“大数据”白皮书的研究报告《大数据:抓住机遇、守护价值》。截至 2014 年,数据开放运动已覆盖全球 44 个国家。

我国大数据业务相对起步较晚,在 2013 年全球开放数据的 70 个国家和地区中,中国仅位列第 35 位。阿里巴巴是最早提出通过数据进行企业数据化运营的企业,从 2013 年 1 月 1 日开始重塑平台、金融和数据三大业务。

2014年3月,贵州在北京宣布大数据产业起航;同年,“大数据”首次出现在当年的《政府工作报告》中。报告指出,要设立新兴产业创业创新平台,在大数据等方面赶超先进,引领未来产业发展。2014年,国务院通过了《企业信息公示暂行条例(草案)》,要求在企业部门间建立互联共享信息平台,运用大数据等手段提升监管水平,“大数据”成为国内热议词汇。

2015年2月,工信部将贵阳正式列为全国唯一的大数据产业发展试点示范区。同年4月,国内首个大数据交易所在贵阳挂牌成立。2015年,大数据上升到国家战略层面,我国政府于当年8月通过了《关于促进大数据发展的行动纲要》。2015年10月26日至29日,党的十八届五中全会召开,开启了大数据建设的新篇章。大会公开提出要实施“国家大数据战略”,这是大数据第一次被写入党的全会决议,标志着大数据战略正式上升为国家战略。2016年12月18日,工业与信息化部《大数据产业发展规划(2016－2020年)》正式印发。《中国大数据发展调查报告(2017年)》称,2016年中国大数据市场规模为168.0亿元,增速达到45%,预计2017－2020年增速保持在30%以上。

(四)大数据爆发阶段(2017年至今)

2017年,大数据已经渗透到人们生活的方方面面,我国大数据产业的发展也进入爆发期,在政策、法规、技术、应用等多重因素的推动下,基本形成了跨部门数据共享共用的格局。京、津、沪、渝、冀、辽、贵、晋等省市政府相继出台了大数据研究与发展行动计划,整合数据资源,实现区域数据中心资源汇集与集中建设。至今,全国至少已有13个省成立了21家大数据管理机构,有35所本科院校获批开设“数据科学与大数据技术”本科专业,62所专科院校开设“大数据技术与应用”专科专业,申报数据科学与大数据技术本科专业的学校达到293所。

2017年11月22日,贵阳市委、市政府出台了《关于加快建成“中国数谷”的实施意见》。预计到2020年,“中国数谷”将形成1个EB以上的海量数据存储能力，初步完成 5 个国家级试点示范任务，培育 10 个以上具有核心竞争力和商业影响力的大数据品牌，推出 100 个以上大数据应用领域（场景），形成1 000亿元以上主营业务收入，聚集10 000家以上大数据市场主体。贵阳将成为全国大数据创新策源地。同年 12 月 8 日，中共中央政治局就实施国家大数据战略进行第二次集体学习，中共中央总书记习近平在主持学习时强调，实施国家大数据战略，加快建设数字中国。《中国大数据发展调查报告（2018 年）》指出，2017 年中国大数据产业总体规模为4 700亿元人民币，同比增长 30%；大数据核心产业规模为 236 亿元人民币，增速达到 40.5%，预计 2018—2020 年增速将保持在 30%以上。

2018 年，达沃斯世界经济论坛等全球性重要会议都把“大数据”作为重要议题，进行讨论和展望。在 2018 年拉斯维加斯消费电子展（CES）上，美国消费技术协会总裁兼首席执行官加里・夏皮罗、英特尔首席执行官布莱恩・克尔扎尼奇等都表示，大数据将对人类生活产生深远影响，大数据是未来科技浪潮发展不容忽视的巨大推动力量，许多国家政府都对大数据产业发展抱有高度的热情。2018 年，美国希望利用大数据技术实现在多个领域的突破，包括科研教学、环境保护、工程技术、国土安全、生物医药等。其中，具体的研发计划涉及了美国国家科学基金会、国家卫生研究院、国防部、能源部、国防部高级研究局、地质勘探局等 6 个联邦部门和机构。2018 年，欧盟在大数据方面的活动主要涉及四方面内容：研究数据价值链战略因素；资助“大数据”和“开放数据”领域的研究和创新活动；实施开放数据政策；促进公共资助科研实验成果和数据的使用及再利用。

大数据发展浪潮席卷全球。全球各经济社会系统采集、处理、积累的数据增长迅猛，大数据全产业市场规模逐步提升。2018 年，大数据产业化发展呈现出以下七大趋势。第一，开源大数据商业化进一步深化。第二，打包的大数据行业分析应用开拓新市场。第三，大数据细分市场规模进一步增大。第四，大数据推动公司并购的规模和数量进一步提升。第五，大数据分析的革命性方法出现。第六，大数据与云计算将深度融合。第七，大数据一体机将陆续发布①。

2017 年,全球的数据总量为 21.6ZB(1 个 ZB 等于十万亿亿字节)。目前,全球数据的增长速度在每年 40%左右。日本著名的矢野经济研究所预测,2020 年,日本大数据市场规模有望超过 1 兆日元。全球大数据市场规模年均实现 15.37%的增长,预计到 2020 年,全球的数据总量将达到 40ZB,预计到 2022 年,全球大数据市场规模将达到 800 亿美元。

三 大数据的特征分析

大数据可以实时地为组织主体撷取、管理、处理、整理数据,生成为各方所需要的数据资料,同时大数据也蕴含着很高的商业价值,被称为"数字生产力"。所以越来越多的组织主体开始重视大数据建设②。

(一)大数据=海量数据+复杂类型的数据

大数据包含了海量数据的含义,而且在内容上超越了海量数据,简而言之,大数据=海量数据+复杂类型的数据。大数据包括交易和交互数据集在内的所有数据集,其规模或复杂程度超出了常用技术按照合理的成本和时限捕捉、管理及处理这些数据集的能力。大数据由三项主要技术趋势汇聚组成:

1.海量交易数据

在从 ERP 应用程序到数据仓库应用程序的在线交易处理(OLTP)与分析系统中,传统的关系数据以及非结构化和半结构化信息仍在继续增长。随着企业将更多的数据和业务流程移向公共和私有云,这一局面将变得更加复杂。

---

① 数据来源:《2018 全球大数据产业将呈七大发展趋势》,新华网客户端,2018 年 2 月 5 日。

② 涂兰敬.专家观点:"大数据"与"海量数据"的区别[J],网络与信息,2011(12).

2. 海量交互数据

这一新生力量由源于 Facebook、Twitter、LinkedIn 及其他来源的社交媒体数据构成。它包括呼叫详细记录(CDR)、设备和传感器信息、GPS 和地理定位映射数据、通过管理文件传输(Manage File Transfer)协议传送的海量图像文件、Web 文本和点击流数据、科学信息、电子邮件等等。

3. 海量数据处理

大数据的涌现已经催生出了设计用于数据密集型处理的架构，例如具有开放源码、在商品硬件群中运行的 ApacheHadoop。对于企业来说，难题在于以具备成本效益的方式快速可靠地从 Hadoop 中存取数据。

(二)大数据包括 A、B、C 三个要素

大数据意味着通过更快获取信息以使做事情的方式变得与众不同，并因此实现突破。大数据被定义为大量数据(通常是非结构化的)，它要求我们重新思考如何存储、管理和恢复数据。那么，多大才算大呢？考虑这个问题的一种方式就是，它是如此之大，以至于我们今天所使用的任何工具都无法处理它。因此，如何消化数据并把它转化成有价值的洞见和信息，这其中的关键就是转变。基于从客户那里了解的工作负载要求，大数据包括 A、B、C 三个要素：大分析(Big Analytic)、高带宽(Big Bandwidth)和大内容(Big Content)。

1. 大分析

帮助获得洞见，指的是对巨大数据集进行实时分析的要求。它能带来新的业务模式，提供更好的客户服务，并实现更好的结果。

2. 高带宽

帮助走得更快，指的是处理极端高速的关键数据的要求。它支持快速有效地消化和处理大型数据集。

3. 大内容

不丢失任何信息,指的是对于安全性要求极高的高可扩展的数据存储,并能够轻松实现恢复。它支持可管理的信息内容存储库而不只是存放过久的数据,并且能够跨越不同的大陆板块。

大数据是一股突破性的经济和技术力量,它为 IT 支持引入了新的基础架构。大数据解决方案消除了传统的计算和存储的局限。借助于不断增长的私密和公开数据,一种划时代的新商业模式正在兴起,它有望为大数据客户带来新的实质性的收入增长点以及富于竞争力的优势。

(三)高速性与易变性

1. 高速性

高速性描述的是数据被创建和移动的速度。在高速网络时代,通过基于实现软件性能优化的高速电脑处理器和服务器,创建实时数据流已成为流行趋势。企业不仅需要了解如何快速创建数据,还必须知道如何快速处理、分析并返回给用户,以满足他们的实时需求。

2. 易变性

大数据具有多层结构,这意味着大数据会呈现出多变的形式和类型。相较传统的业务数据,大数据存在不规则和模糊不清的特性,造成很难甚至无法使用传统的应用软件进行分析的弊端。传统业务数据随时间演变已拥有标准的格式,能够被标准的商务智能软件识别。目前,企业面临的挑战是处理并从各种形式呈现的复杂数据中挖掘价值。

(四)多样性与计算速度快

数据多样性的增加主要是由于新型多结构数据的出现,以及包括网络日志、社交媒体、互联网搜索、手机通话记录及传感器网络等数据类型所造成。采用非关系型数据库技术(NoSQL)和数据库集群技术(MPP NewS-QL)快速处理非结构化以及半结构化的数据,以获取高价值信息,这与传统数据处理技术有着本质的区别。

(五)大数据技术可存储巨量数据

大数据技术一般使用艾萨华公司(LSI)开发的芯片存储技术(以下简称LSI 技术),可存储数据超过宇宙天体数的三倍以上,互联网一天所产生的数据内容可以刻满 1.68 亿张 DVD,相当于《时代》杂志 770 年的文字量。艾萨华公司的芯片存储技术可存储的数据能够达到千万亿(PB)、百亿亿(EB)乃至十万亿亿(ZB)的级别。

(六)大数据技术可以抓取、收集类型繁杂的数据

这包括各种各样的语音、非结构化数据、图像、文本信息、地理位置信息、网络文章等。联合包裹速递服务公司(UPS)早在 2009 年就开发了行车整合优化和导航大数据技术系统(ORI—ON),对快递线路进行预测和优化。截至 2013 年年底,ORI-ON 系统已经在大约一万条线路上得到使用,在多送出 42 万件包裹的情况下,为公司节省燃料 150 万吨,少排放二氧化碳 1.4 万立方米。大数据技术正在引导物流企业将洞察力快速转化为公司决策。

(七)大数据分析具有较高的商业价值和应用价值

物流领域的数据量是非常巨大的,包括来自企业、互联网、港口、运载工具等的数据。如何从如此巨大的数据中挖掘企业所需的数据资料,就需要借助大数据分析技术。如利用大数据来分析集装箱移动信息,物流企业就能知道哪些港口有剩余运载量,哪些港口的吞吐量大,货物周转速度快,应在哪个位置的港口部署海运业务,大数据已经成为智慧物流的引擎①。

① 梁红波.大数据技术引领物流业智慧营销[J].中国流通经济,2015(2).

第二节　大数据的技术框架

一　大数据的处理流程

(一)大数据处理之一:采集

大数据的采集是指利用多个数据库接收发自客户端(Web、App 或者传感器形式等)的数据,并且用户可以通过这些数据库来进行简单的查询和处理工作。比如,电商会使用传统的关系型数据库 MySQL 和 Oracle 等来存储每一笔事务数据。除此之外,Redis 和 MongoDB 这样的 NoSQL 数据库也常用于数据的采集。

在大数据的采集过程中,其主要特点和挑战是并发数高,因为同时可能会有成千上万的用户进行访问和操作,比如火车票售票网站和淘宝,它们并发的访问量在峰值时达到上百万,所以需要在采集端部署大量数据库才能支撑。并且如何在这些数据库之间进行负载均衡和分片,的确是需要深入的思考和设计。

(二)大数据处理之二:导入/预处理

虽然采集端本身会有很多数据库,但是要对这些海量数据进行有效的分析,还是应该将这些来自前端的数据导入一个集中的大型分布式数据库,或者分布式存储集群,并且在导入的基础上,做一些简单的清洗和预处理工作。也有一些用户会在导入时使用来自 Twitter 的 Storm 对数据进行流式计算,来满足部分业务的实时计算需求。

导入与预处理过程的特点和挑战主要是导入的数据量大，每秒钟的导入量经常会达到百兆甚至千兆级别。

（三）大数据处理之三：统计/分析

统计与分析主要利用分布式数据库，或者分布式计算集群来对存储于其内的海量数据进行普通的分析和分类汇总等，以满足大多数常见的分析需求。在这方面，一些实时性需求会用到 EMC 的 GreenPlum、Oracle 的 Exadata，以及基于 MySQL 的列式存储 Infobright 等，而一些批处理，或者基于半结构化数据的需求可以使用 Hadoop①。

统计与分析这部分的主要特点和挑战是分析涉及的数据量大，其对系统资源，特别是 I/O 会有极大的占用。

（四）大数据处理之四：挖掘

与前面统计和分析过程不同的是，数据挖掘一般没有什么预先设定好的主题，主要是在现有的数据上面进行基于各种算法的计算，从而起到预测（Predict）的效果，实现一些高级别数据分析的需求。比较典型的算法有用于聚类的 Kmeans、用于统计学习的 SVM 和用于分类的 NaiveBayes，主要使用的工具有 Hadoop 的 Mahout 等。

该过程的特点和挑战主要是用于挖掘的算法很复杂，并且计算涉及的数据量和计算量都很大，常用数据挖掘算法都以单线程为主。

整个大数据处理的普遍流程至少应该满足以上这四个方面的步骤，才能算得上是一个比较完整的大数据处理。

---

① 大数据技术方兴未艾[N]. 中国教育报，2014-03-26.

二 大数据的关键技术

大数据技术,就是从庞大的数据洪流中有效率地获得有价值信息的科学技术。近年来,与大数据有关的新的技术已经纷纷涌现,社会各界对大数据技术的关注也与日俱增,这些新的技术成为大数据采集、存储、分析处理和应用的助推剂。大数据处理关键技术一般包含:大数据采集技术、大数据预处理技术、大数据存储和管理技术、大数据分析和挖掘技术、大数据展现和应用技术等。

(一)大数据采集技术

大数据采集通常涉及大数据的智能感知层和基础支撑层。智能感知层主要是感知多种类型的大量的数据,包含结构化数据、半结构化数据、非结构化数据以及许多其他类型的数据。智能感知层能够完成对各种类型的大数据的智能识别,定位大数据,跟踪和访问,传输,信号转换,监测,初步处理和管理等。

大数据技术在数据采集方面的新方法:一是系统日志采集方法;二是网络数据采集方法,指对非结构化数据的采集;三是其他数据采集方法。

(二)大数据预处理技术

在运用大数据采集技术将海量数据采集过来后,将启动大数据预处理技术。这部分的功能主要是针对已接收的数据,包括四个步骤:数据清理、数据集成及变换、数据规约和概念分层。其中,数据清理主要完成对数据的遗漏值处理、噪音数据处理和不一致数据的处理。通过数据清理,可以为后续的数据分析、数据挖掘等提供更完整、更准确、更清晰的数据基础。

(三)大数据存储和管理技术

运用大数据存储和管理技术,能够把获取的各种类型的数据存储起来,建立相应的新型数据库。大数据存储和管理技术负责对大数据的管理和调用。在复杂的结构化、半结构化和非结构化的数据之中,我们需要重视对这些复杂的数据进行存储和管理的相关技术的应用与研究。新型数据库技术、大数据索引技术及大数据安全管理技术等是目前具有重要意义的大数据技术。

(四)大数据分析和挖掘技术

大数据分析就是在研究大量的数据过程之中,探求模式、相关性及其他有用的信息。它能够帮助需求者更好地适应变化,便做出的决策更加高效、明智。

大数据分析技术包括以下五个方面:

1. 可视化分析

对于大数据来说,不管是大数据分析专家还是普通用户,他们对大数据分析的最基本要求都是数据的可视化。通过可视化的分析,人们可以更直观地看到结果,让数据自己说话。

2. 数据挖掘算法

大数据分析的理论核心就是数据挖掘,其各种各样的算法可以让我们深入数据内部,精练数据,挖掘价值。这些算法不仅能够帮我们处理大数据的数据量,同时还能最大限度地满足我们对数据处理速度的要求。

3. 预测分析能力

分析师在预测性分析过程中,利用先前的可视化分析、数据挖掘的结果,可以对未来的形势进行预测性的判断。

4.语义引擎

大数据的数据多样性特征是数据分析面临的重大挑战，由于其中非结构化数据的比例不断提高，人们需要研究开发新的数据处理工具，完成数据的解析、提取、分析功能。语义引擎需要被设计成具备人工智能的作用，进而能够从数据中主动地提取信息，挖掘出特点。

5.数据质量和数据管理

如今社会每时每刻都会产生大量的数据，对于我们关注的大数据来说，提高数据质量和优化数据管理水平变得尤为重要。

（五）大数据展现和应用技术

随着数据量的快速增长和膨胀，利用大数据技术，人们可以挖掘出潜藏在海量数据中的信息及知识，作为人类的社会经济活动的重要依据，帮助提升社会各个领域的运行效率，推动发展社会生产力和先进科技技术。大数据重点应用于三大领域：商业智能、公共服务和市场营销。大数据的应用正逐渐渗透到社会的各行各业，同时大数据应用技术也在不断地发展完善，从而能够适应各行业领域的新要求。

第三节　大数据的应用分析①

一　大数据应用案例之一：医疗行业

Seton Healthcare 是采用 IBM 最新的沃森技术医疗保健内容分析预测的首个客户。该技术可以让企业找到大量与病人相关的临床医疗信息，通

① 详解大数据应用案例排行榜 TOP100[OL]. 数据行业，2015-02-10.

过大数据处理，更好地分析病人的信息。在加拿大多伦多的一家医院，针对早产婴儿，每秒钟有超过3 000次的数据读取。通过这些数据分析，医院能够提前知道哪些早产儿出现问题并且有针对性地采取措施，避免早产婴儿夭折。它让更多的创业者更方便地开发产品，比如通过社交网络来收集数据的健康类 App。也许未来数年后，它们搜集的数据能让医生给你的诊断变得更为精确，比方说不是通用的成人每日三次，一次一片，而是检测到你的血液中药剂已经代谢完成，自动提醒你再次服药。

二　大数据应用案例之二：能源行业

目前，智能电网在欧洲已经做到了终端，也就是所谓的智能电表。在德国，为了鼓励人们利用太阳能，政府会给每个家庭安装太阳能，除了卖电给你，当你的太阳能有多余电的时候还可以买回来。智能电网每隔 5 分钟或 10 分钟收集一次数据，收集来的这些数据可以用来预测客户的用电习惯等，从而推断出在未来2—3 个月时间里，整个电网大概需要多少电。有了这个预测后，政府就可以向发电或者供电企业购买一定数量的电。因为电有点像期货一样，如果提前买就会比较便宜，买现货就比较贵。通过这个预测，政府可以降低采购成本。

三　大数据应用案例之三：通信行业——通过大数据分析挽回核心客户

法国电信一Orange 集团旗下的波兰电信公司 Telekomunikacja Polska 是波兰最大的语音和宽带固网供应商，他们希望通过有效的途径来准确预测并解决客户流失问题。因此他们决定进行客户细分，方法是构建一张“社交图谱”——分析客户数百万个电话的数据记录，特别关注“谁给谁打了电话”以及“打电话的频率”两个方面。“社交图谱”把公司用户分成几大类，如“联网型”“桥梁型”“领导型”以及“跟随型”。这样的关系数据有助于电信服务供应商深入洞悉一系列问题,如:哪些人会对可能“弃用”公司服务的客户产生较大的影响?挽留最有价值客户的难度有多大?运用这一方法,公司客户流失预测模型的准确率提升了47%。

四 大数据应用案例之四:零售业——大数据帮零售企业制定促销策略

北美零售商百思买在北美的销售活动非常活跃,产品总数达到3万多种,产品的价格也随地区和市场条件而异。由于产品种类繁多,成本变化比较频繁,一年之中,变化可达四次之多。结果,每年的调价次数高达12万次。最让高管头疼的是定价促销策略。为此公司组成了一个11人的团队,希望通过分析消费者的购买记录和相关信息,提高定价的准确度和响应速度。

定价团队的分析围绕着三个关键维度展开:(1)数量:团队需要分析海量信息。他们收集了上千万名消费者的购买记录,从客户的不同维度分析,了解客户对每种产品种类价格的最高接受能力,从而为产品定出最佳价位。(2)多样性:团队除了分析了购买记录这种结构化的数据外,他们也利用社交媒体发帖这种新型的非结构化数据。由于消费者需要在零售商专页上点赞或留言以获得优惠券,团队利用情感分析公式来分析专页上消费者的情绪,从而判断他们对于公司的促销活动是否满意,并微调促销策略。(3)速度:为了实现价值最大化,团队对数据进行实时或近似实时的处理。他们成功地根据一个消费者既往的麦片购买记录,为身处超市麦片专柜的他/她即时发送优惠券,为客户带来便利性和惊喜。

通过这一系列的活动,团队提高了定价的准确度和响应速度,为零售商新增销售额和利润数千万美元。

五 大数据应用案例之五:网络营销行业(SEM)

很多企业在做SEM的过程中,都有这样的感触:每年都会花费大量的预算在 SEM 推广中,但是因为关键词投入产出无法可视化,常常花了很多钱却不见具体的回报。

在竞争如此激烈的 SEM 市场中,企业需要一个高效的数据分析工具来尽可能地帮助企业优化 SEM 推广,例如 BDP,帮助企业节省不必要的支出,提升整体的经营绩效。企业可借助数据平台提供的网络营销整合解决方案,打通各个搜索引擎营销、在线客服系统和 CRM 系统。营销竞价人员无需掌握复杂的编程技术,简单拖拽即可生成报表,观察每一个关键词的投入和产出,分析每一个页面的转化,有效降低投放成本。

通过 BDP 实况分析数据,企业可以快速洞悉对手关键词的投放时段、地域及排名,并对其进行可视化的分析,实时监控自己和竞争对手的投放情况,了解对手的投放策略。BDP 支持自定义设置数据更新的时间点、监控频次和时段,可以及时调整策略。只有知己知彼,才能百战不殆。

六　大数据应用案例之六:电商行业

曾经淘宝平台显示,中国女性购买最多的文胸尺码为 B 罩杯,占比达 41.45%,其中又以 75B 的销量最好;其次是 A 罩杯,购买占比达 25.26%;C 罩杯只有 8.96%。

虽然淘宝数据平台不能代表一切,但是结合现实来看,这个数据也具有普遍的代表性。在文胸颜色中,黑色最为畅销,黑色绝对是百搭,每个女性必备。这些数据都对于文胸店铺而言是很好的参考,为店铺的库存、定价、款式选择等提供了很好的建议。

七　大数据应用案例之七:娱乐行业

微软大数据成功预测奥斯卡 21 项大奖。2013 年,微软纽约研究院的经济学家大卫·罗斯柴尔德(David Rothschild)利用大数据,成功预测出 24 个奥斯卡奖项中的19个，成为人们津津乐道的话题。2014年，罗斯柴尔德再接再厉，成功预测第86届奥斯卡金像奖颁奖典礼24个奖项中的21个，继续向人们展示现代科技的神奇魔力。

总的来说，大数据的终极目标并不仅仅是改变竞争环境，而是彻底扭转整个竞争环境，带来新机遇。企业需要应势而变。企业只有认识到这一点，使用合适的数据分析产品，聪明地使用和管理数据，才能在长期竞争中成为终极赢家。

第二章　大数据赋能高校财务发展

科学技术促进了大数据时代的来临，整个社会中的每一个细小元素都开始被数字化，大数据对人、事、物都进行了大大小小的重构。纵观世界，全球进入了全面的数字经济时代，合作、互惠和共赢成为新时代下融入世界的新态度，用数据生态进行共享和协同，各方力量相互融合，才会让未来更美好。

高校作为整个经济体中教育行业的独特代表，是一个每时每刻都会产生大量数据的地方。自从我国推行教育信息化以来，这些数据大部分被记录并保存了下来。随着大数据时代的到来，高校的数据资源呈几何级数的增长态势，比如人事、教学、财务等部门的基本业务数据，网络教学课件和视频，网络远程教育教学资源的多媒体数据，学生和教师上论坛、微博、微信等社交网络产生的网络行为数据，校园网内连接无线网络而感知的位置数据等。

伴随着高校信息化建设程度的不断深入和加强，海量的数据被积累保存，这对于高校来说，是一笔宝贵的财富。这些海量数据并不是单纯的数据积累、记录和保存，其潜在的价值将会对现代化高校建设产生积极重要的意义。例如，通过对“课堂、成绩、就业”等方面数据的统筹分析，能够在一定程度上对传统教育领域的授课和学习模式的改革给予指导和建议；通过学生的图书借阅历史和选课信息，综合判断学生的兴趣爱好，等等。如何充分利用数据，使其为学校管理、教学、服务等工作提供有益帮助，将成为高校未来发展的重点研究内容。

第一节 高校财务数据

高校具有全额拨款的事业单位属性。大数据时代,其财务工作与以往的会计电算化相比,有着本质的区别。

一 传统财务数据

传统的高校财务数据一般来源于基础财务报表,根据资产负债表、利润表、现金流量表等,获取并计算得出一系列指标数据:存货周转率、资产负债率、净利润率、净资产报酬率等。通过这些财务数据分析,得出经营主体的营运能力、偿债能力、盈利能力、投资回报能力。

传统的财务数据分析是通过同型分析、趋势分析、对比分析等数据分析方法定位到数据中的异常点,最终通过调整决策解决业务问题。在财务会计和管理会计范畴内,对于传统的财务数据的获取、分析,已经有着非常成熟的运行体系、框架模式以及软件支撑,能够搭配管理学和产业经济学中的竞争对手分析、SWOT 分析等理论体系,辅助管理层进行战略方向的相关决策。

而传统的财务数据观念和方式,只能依赖限定时域、限定指标内的数据分析获取有限结论,对高校面临的新时代的新发展问题无法破解。新形势促使财务数据寻求新变革,如何获取持续的、长久的数据整理和分析成为新课题。

二 新财务数据

新形势下的财务数据,不再局限于财务报表中传统的财务数据。随着

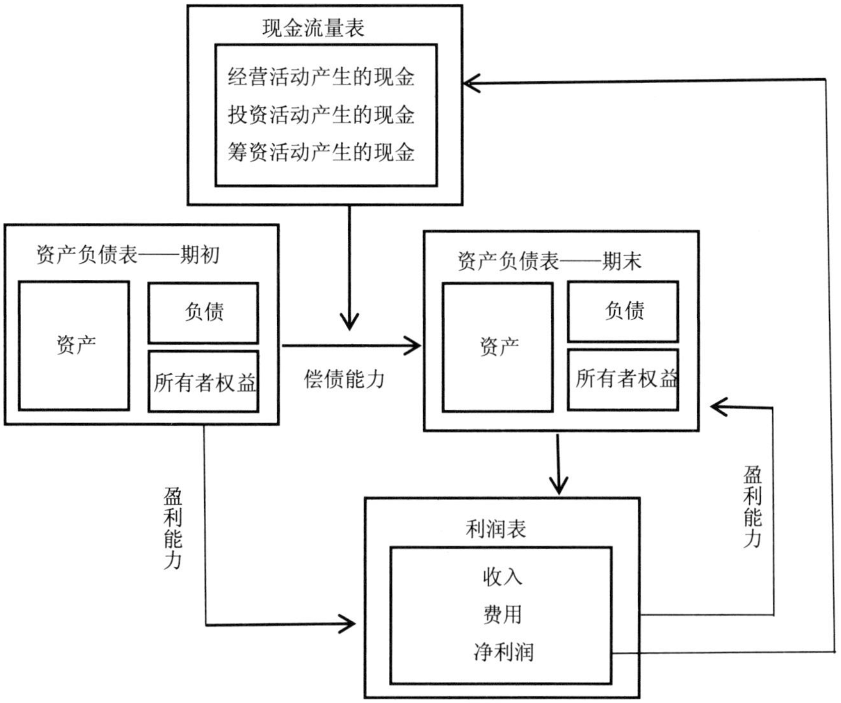

图 2-1　传统财务数据分析

信息技术的发展，加之大数据时代业财税一体化的助力，凡是高校经济活动必定留有痕迹，也必定都会产生相应的财务数据痕迹，票据、合同、个税、薪酬等与业务资金相关的一切数字化信息都可以被归类为财务数据。为了与传统的财务数据区分，本书将其称为新财务数据。

为了充分挖掘新财务数据的信息力量以辅助高校财务工作，我们首先应当将新财务数据进行分类：

(一)人员/用户数据

人员数据是指所属财务主体之内的人员信息，可以通俗地理解为员工信息数据。它以高校人事部门的认定为准，同时与各部门使用的人员信息统一。财务系统的用户是全体人员的子集合。高校经济活动的发生都承载于人员,这是财务数据痕迹中非常重要的分类标志之一。人员信息数据在高校财务管理中的作用:一是作为财务系统的用户,人员信息是用以授权的依据;二是在整个财务管理系统中,人员信息作为项目负责人、审核人、经手人等角色存在。

根据是否从事财务工作,可以将人员划分为两类:一是高校中的财务工作人员,主要通过相关财务系统进行制单、审核、记账、报表、预决算等专业工作;一是高校中的非财务工作人员,主要通过相关财务系统进行财务报销、工资查询等事项。

(二)经济主体数据

包括本经济主体和与本经济主体有业务往来的其他个人和法人的信息,如客户、供应商以及其他所有有经济往来的主体。每一个经济主体所包含的信息有主体名称、纳税人识别号(身份证号)、开户行、银行账号、地址和联系方式等。

随着高校业务的不断开展,经济主体的数据信息是不断增加的,同时它也是日后对外打通连接时授权的重要依据。

(三)原始凭证数据

原始凭证的种类繁多,按来源可以分为三类:来自商户(销售方/购买方)的原始凭证(如发票、销售明细,收货单、领料单、汇总明细等);来自银行系统的原始凭证(如银行结算回单、支票等);来自其他系统的原始凭证(如缴税明细、会议纪要等)。

从本质来看,原始凭证是用于将一项经济事项的必要经济信息从 A 方传递到 B 方的载体。目前,财务管理在原始凭证方面,正处于从纸质凭证向电子凭证过渡阶段。电子凭证可以保证原始数据存在于线上且在一个大系统之内,避免经济信息流出经济系统,是保证信息痕迹安全不被篡改的重要前提。

虽然电子发票已经开始使用,但是纸质凭证仍然大量存在。针对纸质凭证，大多数单位通过扫描等方式将票据电子化保存，这对后续的检索查询和网络化办公带来一定的便利。有的单位尽管已经实现票据的电子化，但也仍需要打印出纸质版用以存证。可见，电子凭证与纸质凭证各有千秋，相辅相成。

（四）辅助数据

根据业务类别，辅助数据可以分为项目数据、资产数据、合同数据等。

其中，项目数据以科研部门、各教学单位等项目主责部门的认定为准，包括项目名称、项目代码、预算额度、实施周期、项目人员等数据；资产数据以学校资产管理部门的认定为准，主要用于记录高校内部资产的整体情况，包括资产类型、编号、名称、价值、购买时间等数据；合同数据以高校各单位部门备案、法规部门核定为准，主要用于记录高校各类合同情况，包括合同编号、参与方、签订时间、合同金额、期限等数据。

（五）记账数据

记账数据，由专门的财务软件系统生成。从财务专业角度分类，记账数据分为摘要、科目、经济分类、功能分类、部门代码、经费项目、对冲号、借贷金额、凭证号等。记账数据与人员数据、经济主体数据、原始凭证、资产数据、项目数据、合同数据等辅助数据存在关联关系。

高校的每一笔经济业务都会对应地生成一张凭证数据。每一张凭证即一条数据，它与其他各类财务数据之间有着千丝万缕的复杂对应关系，可以交叉查询、分析得出丰富的、高经济管理价值的结果数据。

（六）报表数据

报表是对记账数据的周期性汇总。在记账数据完整的情况下，报表根据财务系统设定的规则自动生成。在每一个财务要求的统计时点，均会产生对预算报表、决算报表、税务报表以及财务报告的需求。

第二节 大数据为高校财务带来机遇和挑战

一 大数据时代高校财务数据的特征转变

大数据时代下高校经营业务量的提升,带来的不仅仅是数据量的“大”,还有数据的复杂交错。在高校内部,由于校园教学、科研和管理业务的规律性,围绕着教师、学生服务和管理产生的财务数据具有极明显的“持续性、碎片化、多维度”特点。大数据影响下的很多优势逐渐显现出来:

高校财务数据因贯穿于经济业务的整个生命周期而表现出参与个体的完整状态。例如:对学生而言,所缴纳的学费能够反映培养一名学生的教学投入成本;教辅、行政、后勤、医药等平均支出能够反映培养一名学生的非教学投入成本;最后学生的学习成绩、就业以及获取的奖助学金,用于反映教学成果和收回的社会效益。只有将这些散落的多维度数据进行持续性汇总并整合,通过建立量化分析模型,才能反映投入产出的相互关系,才能清晰全面地解析高校教育成果。

但目前,高校数据还没有形成一套科学的管理系统,普遍存在缺乏统一的管理规范、数据一致性差、数据格式各异、数据链不完整的问题,使得大量优秀数据无法共享和利用,无法获得更大的价值,造成财务大数据的价值密度低,这是新时代财务数据必须面临的难题。在此背景下,基于大数据的高校数据整合模式研究,在消除高校的“信息孤岛”,提高数据资源利用效率,使原来分散、利用率低下的教育资源得到最大限度的价值挖掘等方面,对高校的发展战略和决策具有重要的意义。

二 大数据时代高校财务数据面临的挑战

(一)数据源的实用性

关于大数据的一个普遍观点是,数据自己可以说明一切,数据自身就是事实。但实际情况是,如果不仔细甄别,数据也会欺骗,就像人们有时会被自己的双眼欺骗一样。高质量数据的获取是确保信息实用性的重要前提。高校数据的来源多种多样,包括各职能部门的基本业务数据、教学资源的多媒体数据、使用网络的行为数据、无线网络感知的位置数据等。数据模态千差万别,如关系数据、标量数据、图数据、流数据、XML 数据、矢量数据等。既有重复性数据,又有冗余性数据。质量参差不齐,加工整理困难。这些校园化数据是否实用,给大数据在高校中的推进带来极大的挑战。

(二)数据融合的可行性

众所周知,数据如果不融合就不能发挥数据的潜在价值。高校大数据面临的一个重要问题就是数据融合。作为高等院校,大数据的融合应该走在前列,因此高校必须彻底打通数据孤岛,将各项业务充分整合。然而,传统的业务系统缺乏长期规划,采用的技术包罗万象。据调研发现,目前高校所采用的数据库包括 Oracle、Sybase、Microsoft SQL Server、Mysql、Visual FoxProd 等。有些学校或部门甚至没有数据库,而是采用 Excel 管理数据。在这种基础上实现数据的有效融合,形成高质量的大数据,对于融合技术来说是一个重要的挑战。

(三)数据分析的持续性

教育的规律有时很难厘清,成功的个体也未必能够简单复制。评价教育本身的指标都有一定程度的缺陷,需要几年甚至更长期的监测和不断的更正。因此,高校中的大数据分析,不仅仅是横向的对比,如职能部门间、兄弟院校间,更需要纵向历史数据的对比。无论是数据收集、数据清洗还是数据模型的挖掘,都需要随着每天产生的大量翔实而琐碎的数据信息进行调整和修正,这也是一个不小的挑战。

(四)数据挖掘的复杂性

大数据分析无疑是整个大数据时代的核心所在,因为大数据的价值就产生于数据分析过程中。在高校大数据的应用中,无论是做个性分析还是舆情预测,都需要构建特定的挖掘模型。教育行业因为其特殊性,传统的分析技术如数据挖掘、机器学习、统计分析等并不能完全满足高校大数据分析的需求,因此,我们需要在数据预处理、算法模型、评价指标等方面做出调整。当然,数据挖掘的复杂性,不仅是高校大数据所面临的挑战,也是整个大数据领域面临的巨大挑战。

第三章　大数据时代高校财务管理困局

近几年，随着大数据时代的到来，国家进一步对高校实施放宽政策，高校办学和经营的自控权加大，其财务活动朝多样化、复杂化发展，财务管理建设也进入攻坚期。而财务管理是高等院校有效运行和寻求发展的重要内容，大数据运用与高校财务管理若不能及时有效对接，势必影响财务管理效率和服务质量水平。目前，我国高校财务管理系统比较落后，所采用的信息手段大都属于事后处理。众所周知，事前和事中控制更能起到管理的作用。

可见，传统的高校财务管理模式已经不适应大数据背景下的要求，以致高校财务管理出现了各式各样的新问题。可以说，当代高校财务管理环境对高校财务工作提出了更多层次、更高标准的要求，切实在此环境下提升各项数据的处理及应用水平，对高校财务管理来说十分迫切和重要。

第一节　高校财务管理的现状

大数据时代下，高校财务管理在数据分析上获得了有效的支持。从目前高校财务管理的实际情况来看，基础数据的分析仍是关键。但是，受到高校财务数据多、财务管理流程复杂等因素的限制，高校在财务管理中无法对基础数据进行快速有效的分析，导致高校财务管理工作在时效性上有所欠缺，不利于高校财务管理工作的开展。

一 基础数据库独立，数据共享意识萌芽

大数据时代需要海量数据作为基础。目前，高校中大量的基础数据，很大一部分来源于各职能部门，这些部门相互独立，大量的信息资源甚至成为个别部门的私有财产。尽管目前高校财务管理与服务实现了局部范围的信息化数据应用，如财务的账务系统与资产部门的固定资产购入阶段对接、财务项目设置与科研部门的预算管理系统对接等，但这些并未实现自动对接管理，很多步骤与环节均需要相关人员的人工录入核对、导入导出等加以协助。

造成这种状况的原因，一方面是因为年代久远，数据整理工作难度较大、工作优先级较低；另一方面是业务部门并不清楚哪些数据是可以被分享的，哪些数据是不能被分享的。归根结底，囿于资源分享的意识不够深化，财务数据领域并没有形成合理的制度化数据共享生态。然而，数据信息资源只有在相互流动、形成规模效应的前提下才能够发挥出最大的价值，因此，高校还需要提升数据库的连通性，加强数据共享意识。

二 组织结构缺失，专业人员不足

高校内部对于各职能部门间信息资源规划缺位，导致了建设进度不同，资源投入有差距。各部门一窝蜂式的建设，反而增加了数据资源共享共用的壁垒。在大力推行高校管理信息化之前，很多学校并没有专门的信息化部门，组织结构的缺失也是整体规划不善的一种必然结果。

高校大数据的推行还需要一批既懂得相关技术，又熟悉业务流程的技术人员。人才的匮乏也是非常不利的一点因素。目前，对于高校来说，技术与业务的复合型人员储备不足，甚至没有。

三　大数据与大数据分析的“找平衡”阶段

人们对“大数据”的重视程度不言而喻，随着“互联网＋”的层层扩散，每一件含有传感器的电子设备无时无刻不在生成着数据。面对如此庞大的数据体系，各行各业都处于极度兴奋之中，本身就对数据敏感的财务领域更是首当其冲，沉迷于如何更全、更快地收集数据之中。然而，现阶段人们对大数据的理解是有失偏颇的，大数据与大数据分析是“大数据”的两个方面，两者存在着区别和联系。目前，高校处于“重数据、轻分析”时期，注重大数据的采集而未能对收集到的数据有效利用，或者只是简单地画个图表得出表层结论，并未对数据的深层价值进行深入挖掘。

当然，在大数据与大数据分析之间找平衡是整个高校财务数据发展的必经之路，人们总要先经历对数据的初级探索，有了一定的积累和认识之后，才会在深度和广度上去挖掘财务数据，找出适用于自身业务发展的分析工具和工作模式，以及更有助于财务管理决策乃至于高校管理和发展决策的数据支撑。

四　数据开放与安全隐私的权衡时期

数据的开放权限与安全隐私问题是人们公认的关键问题之一。对高校财务数据而言，诸如教师的工资收入、项目资金、学生奖助金、医疗费用等，均具有一定的私密性。同时，在业务产生、办理与结算的过程中，又存在一定的开放必要。可见，高校财务数据的挖掘与利用说到底是一个交互的过程，交互内容的收集在一定程度上与安全隐私是存在矛盾交叉的。即使无害的数据在被大量收集后，也会暴露隐私，产生安全问题。如何做到数据开放与安全隐私的平衡，成为又一项重要的研究课题。

目前，高校的财务数据建立和应用还处于初级阶段，在权衡数据开放和安全隐私方面还存在很多问题。但是我们也应该看到,数据自诞生以来就伴随着安全问题,厘清业务和财务之间的流程与权责,合理放权与分配,是解决这一问题的关键平衡点。

第二节　高校财务管理的困局

一　财务软件不能满足当代高校财务管理的要求

会计信息系统的出现,将财务人员从繁重的传统手工记账中解脱出来。其中的基础财务数据均是由财务人员对原始凭证的“翻译”实现的,所收集到的数据经过二次加工,再根据相应需要进行传递和汇总形成数据库。这一数据库中的数据主要为结构化数据(现有的会计信息系统已能很好地支持此类数据所属的财务工作),而非结构化数据的价值往往被忽略。巨大数据源中的丰富价值没有被充分挖掘,造成信息不对称,经济业务全貌没能很好地展现。比如,高校教研人员采购设备后,财务部门根据发票遵循真实性原则登记入账,但此过程不能反映购买价格变动的原因,究竟是采购人员和供应商利益协调的结果,还是市场发生新的变动。又如,对于学生缴费与否,虽然可以直接获取信息,但高校无法通过财务数据查找原因,不能对学生准确分类和评价,也不能判断其是否为恶意欠费,给高校财务管理带来了难题。

由此可见,传统单一的数据整合方式与高校财务管理的长远发展不相匹配,现有的财务软件不能满足当代高校财务管理的要求,高校急需一个将结构化数据与非结构化数据统一整合的渠道。

二　财务管理模式亟待变革

随着数据规模的不断扩大,通过大数据的管理和应用,一些商业企业已经逐步将大数据技术同企业活动相互关联并取得一定成效。但高等院校由于诸多原因,未能很好地利用大数据下的“大财务”。高校财务管理模式在会计核算、财务控制、财务决策支持等几个层面均有缺陷。

当前,许多高校的财务会计流程仍把工作重点放在事后保障、事后算账中,财务部门和其他相关部门缺乏及时有效的沟通。虽然高校引入了信息技术进行预算编制、财务分析、资金管理等工作,但工作质量并没有得到显著提升,甚至有财务失控现象出现;况且高校财务报告主要倾向于服务国家教育部署,很难反映真实的办学竞争力。外部大环境的变化和自身财务管理模式弊端的双重压力,加之很多高校财务人员的大数据应用能力不强,造成了高校财务管理工作效率低下的困境。

三　财务数据服务水平不尽如人意

基础数据是高校财务管理工作的源头。基础数据的有效处理无疑是财务管理工作的重要保证。但是,高校在基础数据的收集、筛选、辨别方面,仍不能达到全面高效的水平,海量的数据价值密度低,财务数据与非财务数据并存,给这一环节带来了诸多挑战。同时,由于高校财务数据多、财务管理流程复杂,经过加工的二代数据在其流转传递过程中没有充分考虑到财务信息损失的可能性,因此不符合当下对财务信息的综合性要求。另外,在数据的披露与输出环节,高校财务管理部门只关注财务分析报告的输出,往往忽略获取数据使用者的行为结果反馈,以对财务数据的形式和内容做出调整。因此,要满足大数据时代高校对财务数据更广泛的需求,必须对财务数据服务进行变革。

四 人才队伍不完善

整体来看，我国行政事业单位的财务管理对大数据的利用还处在一个较低的水平，财务管理能力先进性不足，财务人员综合素质良莠不齐。主要表现为：其一，财务管理观念过于守旧。行政事业单位资金主要依靠财政拨款，财务人员没有筹资、投资、盈利等方面的顾虑，缺乏与时俱进的财务管理理念。其二，财务管理队伍相对薄弱。如今大部分行政事业单位的财务人员的专业素质和整体素质仍较低：高层次的财务人才匮乏，复合型人才不足，是行政单位主要的人员壁垒。其三，财务管理水平有待提高。有些行政事业单位的财务管理还停留在传统的核算型上，对于新时期的人力资本管理、知识信息管理等都没有足够重视，没有意识到大数据时代下单位所面临的机遇和挑战。

五 预算管理不科学

预算是行政事业单位财务管理工作的核心内容。特别是近年来，随着全面预算在行政事业单位的广泛应用，全面预算在战略目标管理、优化资源配置以及提高主体功能等方面具有重大意义。但是，不少行政事业单位疏忽预算的重要性，在编制和执行上都存在一些问题。在预算编制方面，行政事业单位停留在简单的年度估算上，加之编制时间不充分，导致财务预算流于形式，不能反映整个单位的收支和发展情况，使预算缺乏合理性。在预算执行方面，未能按照“分析－编制－审批－调整－执行－决算”程序进行预算控制和管理，从而导致预算失控，出现超额、超支情况；再加上预算方法不先进，工作效率低下，导致预算效果不明显，使预算缺乏约束性。

六　风险防范机制不健全

内部控制和风险防范是财务管理的有效手段之一，直接影响到行政事业单位能否实现良好运转和实现职能发挥。2012 年 11 月，财政部印发了《行政事业单位内部控制规范〈试行〉》，从各个层面规定了行政事业单位内部控制的相关事宜。但时至今日，我国行政事业单位内部控制效果依然不理想，或是刚刚起步，或是浮于表面，常常出现清查不善导致实物资产利用率降低，折旧处理不善导致账实不符，资金使用不善导致货币资金流失严重等问题，财务管理风险隐于整个资金运转和管理之中。

第三节　高校财务管理的方向

一　大数据时代下高校财务管理应建立基础数据库

大数据时代的特点是能够对数据进行集中的处理和分析，在进行数据分析处理之前，通常会建立完善的数据库，实现数据的有效收集。基于高校财务管理的特点，以及高校财务管理中基础数据繁杂的现状，大数据时代下，高校财务管理只有建立统一标准的大数据库，才能满足后续分析的需要。为此，高校财务管理应从三方面入手：

（一）高校财务管理应做好基础数据的收集

由于高校财务管理中涉及的数据较多，做好基础数据的收集，不但可以为下一步的数据分析提供有力支持，同时它也是建立数据库不可缺少的手段之一。

(二)高校财务管理应建立基础数据库

在做好基础数据收集之后,高校财务应根据基础数据的完善程度,建立相应的基础数据库,重点做好基础数据的管理工作。

(三)高校财务管理应将基础数据纳入数据库管理中

为了保证高校财务管理基础数据库能够有效运转,应将财务管理过程中的所有基础数据都纳入数据库管理中。

二　大数据时代下高校财务管理应对基础数据进行统计分类

大数据技术的优势在于可以通过对复杂数据的分析,找出数据的特征,并将数据背后所反映出的内在规律予以展示,为数据分析与管理提供有力的支持。基于这一认识,高校财务管理在大数据时代,不但要学会有效利用大数据分析手段,还要在基础数据管理中,全面应用大数据分析技术。

结合高校财务管理实际以及大数据分析的现实要求,对基础数据进行统计分类是高校财务管理的重要举措。通过对基础数据进行统计分类,不但可以提高基础数据的管理质量,同时还能解决基础数据的归类问题。所以,做好基础数据的统计分类,并按照财务管理信息类别对基础数据进行归类是十分必要的。

在对基础数据进行归类之后,要对每一类数据进行必要的统计,总结基础数据的特点,把握基础数据的处理原则,确保基础数据的统计在准确性上能够达到预期目标,提高基础数据的处理质量。从这一点来看,大数据时代对数据的处理速度越来越快,处理难度也越来越大,只有做好数据的分类统计,才能为大数据技术的应用奠定良好的基础。

三　大数据时代下高校财务管理应分析基础数据的整体特点

考虑到财务管理工作的专业性和特殊性，高校财务管理对数据处理的准确性和处理速度均有着严格的要求。做好数据处理，不但有利于提高数据分析质量，还可以为高校财务管理工作提供有价值的参考依据，使高校财务管理工作能够找准数据流向特点，为下一步的数据分析提供有力的保障。

除此之外，对基础数据的整体特点进行分析，是高校财务管理的重要内容。考虑到数据的复杂性等特点，传统数据分析手段已经难以满足实际需要。大数据技术出现之后，利用大数据的分析优势和归类优势，我们可以对高校财务管理中涉及的基础数据进行必要的统计分析，从中找出数据流的特点，为高校财务管理工作提供一定的管理依据。

大数据数代下，高校财务管理工作应对基础数据的整体特点进行分析，总结基础数据的规律，并根据基础数据的规律判断出基础数据信息流背后所包含的特点。因此，正确应用大数据手段进行必要的数据分析，是解决高校财务管理工作问题的重要手段。

四　创新财务管理观念，加强人才队伍建设

要想实现大数据时代下高校财务管理的创新，首要任务就是实现财务管理的理念创新。高校要加强大数据和网络技术的宣传教育力度，使财务人员摒弃传统的财务管理理念，树立信息化的财务管理理念。加快网络化建设，使各种资源能够得到有效的配置，使高校的各个部门和各个环节能够得到有效的沟通和管理，促进高校和其他单位之间的交流和合作，不断提高单位财务管理的效率。

加强人才队伍建设也是当务之急。大数据时代，数字素养成为对所有劳动者和消费者共同的新要求。数字素养已经被联合国认可为数字时代的

基本人权,是与听、说、读、写同等重要的基本能力。数字技能和相应的专业技能相结合的"双向技能"成为越来越被需要的关键亮点。作为新时代财务人员,应当注重提高综合素质,不仅要精通财会专业知识,掌握经济管理理论,熟悉预算、计划、执行、决算的运作规律,了解政策法规及相关技术知识,更要提升信息和数字化处理能力,适应大数据时代对于数字经济战略的要求,避免成为"数据文盲"。

五 结合数据信息,加强预算管理

随着大数据的发展,传统估算式的预算方法已严重滞后于时代发展的潮流。新时期下的预算管理应把单位数据与发展规划相融合,通过信息化的手段,将单位各个部门的资金使用、消耗定额、专项资金等整合到统一平台,快速实现财务信息的合并与共享。数据的资源化能够可靠地整合数据信息,实现财务管理人员的全面预算和时事决策;大数据与云计算的系统化,也可以帮助单位进行前景预测与正确决策;信息的可视化符合行政事业单位的工作要求,有利于树立单位形象,提高政府满意度。

六 健全风险防控体系,反馈评价机制

利用大数据的互联网平台,监督单位各部门的数据信息,及时反馈绩效考核结果,是加强内部控制的有力举措。可具体通过以下几个方面实现:一是要营造良好的内控环境。定期在单位内部进行互联网以及大数据相关知识的宣传,并结合本单位职能和其他具体情况,将大数据与内部控制有机结合,使大数据发展的趋势以及加强内部控制的必要性深入人心。二是建立风险管理预警系统。通过信息化平台的实时监控,及时发现并处理超预警的情况,确保财务风险能够得到及时和妥善的处理,为内部控制的及时性和有效性提供保证。三是完善内控评价和监督制度。设立专项内审部门,审

查各部门账务，监督管理单位各项收支；加强事后监督力度，落实资金的使用去向，为单位发展创造最大效益。四是将内部控制和绩效评价相结合，使加强内部控制的实施过程与员工薪资福利、职位变动等切身利益相挂钩，切实提高员工参与内部控制建设的热情，减少行政事业单位内部控制建设的阻力。

第四章 高校财务大数据平台建设

时值“十三五”规划攻坚之年,信息化应用的发展进入“新常态”。面对数字经济带来的一系列新的生产流程、管理模式改革,高校作为相对特殊的事业单位,其财务工作升级换代势在必行。无论从业务领域还是管理方面来看,高校财务“大数据平台”无疑是突破新时代下财务管理困局的最佳途径。“大数据平台”建设不仅需要财务管理部门的实施与运维,更需依托高校各职能部门、教学单位的通力协作。这将是一项庞大而复杂的工程,机遇和挑战并存。

高校财务“大数据平台”的建设,将倾力整合全校发展资源,打造集数据采集、数据处理、监测管理、预警应急、可视化于一体的大数据平台。以信息化提升数据共享和业务协同的管理服务能力,及时准确掌握全校的运营情况,加强高校内部控制与管理工作的前瞻性和针对性,做到“用数据说话、用数据管理、用数据决策”,保障学校的健康可持续发展。

第一节 平台设计目标

一 设计理念

十年前,大数据的概念在国内还处于萌芽状,那时的高校财务工作处于会计 2.0(电算化)[①]到会计 3.0(财务软件管理)的过渡阶段，就像是散落在太平洋上的一座小岛，遵循着核算为主的法则，与其他岛屿隔水相望，孤立无援。十年后的今天，数字经济成为中国经济转型新的增长点，切实影响着生活和生产的每一个角落。大数据概念早已落地开花，它带来的不仅是技术上的革命，更是思维管理方式上的革命。很明显，云计算、物联网、人工智能、区块链等技术经过不断的迭代发展，已经从技术层过渡到经济层，并开始向管理层蔓延[②]。高校作为人才和知识密集区，已经认识到其财务工作应该实现管理思维的创新，向真正的会计 4.0(大数据智能财务)迈进。此时太平洋上的小岛，开始与周围岛屿有了信号通讯，面对日益开放的环境，小岛生态有了新的生机。

高校成立大数据平台迫在眉睫，将财务信息数字化，同时融合全校各职能部门的所有业务，让数据成为整个系统中的关键生产要素。以往的财务工作中，账款核算、固定资产、费用报销、人员薪酬和资金管理等低附加值交易处理是工作重心；日后，财务规划、预算管理、业务支持、税务筹划、内部审计、风险管控等高附加值业务将成为高校财务的管理重心。

高校财务大数据平台的建设，将通过观念与核心工作转移，完成从财务核算会计到管理会计的转变，开启智能财务模式，用于支撑管理者进行智能决策。而如何从高校的每一项经济活动中提取数字化信息，并在平台系统内流动、转化、分析、利用，挖掘数据背后隐含的信息，由此促进新技术与管理会计的深入融合，激发出政府会计的新活力，对高校管理效率和结构进行升华再造，推进高校步入新的发展阶段，这应该是大数据平台建设的实践意义与价值所在。

大数据平台的建设，在设计理念上，应该建立围绕高校运行和管理的标准化体系和创新服务流程，提高其运转效率，为高校决策提供科学化、数据

---

① 会计 1.0 为手工做账时代。对比工业发展版本，本书将会计发展划分为 1.0—4.0 几个版本。

② 层级过渡理论：系统经济学中研究的三个层次之间的过渡，即从技理层到经济层，再到管理层的过渡。

化、智能化的建议,形成一个全局信息化、信息共享化、共享服务化、服务标准化的智能生态体系。大数据平台的服务范围基于但不局限于财务共享服务,会延伸至人力资源、资产配置、集中采购、合同管理、法务支持等业务和服务,以优化资源配置,加强协同合作价值增值的经济效益。

二 设计原则

高校大数据平台以信息数据的搭建与应用为核心,秉承"整体设计分层明确、数据层统一开放、系统数据安全可靠"的原则,保证大数据平台信息化建设的先进性,做到能够满足高校发展优化日益频繁的管理使用需求。

(一)遵循平台整体设计分层明确原则

要获得一个功能性可拓展、包容性大、灵活度高的以大数据为中心的系统平台,必须遵循明确分层的原则。高校大数据平台的建设需包含三层架构:基础设施层、数据层、应用层。其中,基础设施层通过计算设备、操作系统虚拟化平台,连通互联网络,形成云资源空间,为数据中心提供硬件的统一调度引擎;数据层负责解决平台内各方数据的存储、收集、挖掘等处理,同时保证规范,以服务于业务领域的数据共享;应用层,即为嫁接于稳固的数据层之上的能够满足平台多功能运营管理需求的应用程序。

(二)遵循平台数据层的统一性和开放性原则

对于大数据平台而言,数据层的稳固是最基本的遵循原则,这是打破信息孤岛、实现数据共享的建设源头。数据层的建设要保证两点:统一性和开放性。统一性,即保证数据源头的连通,通过对全校的公共数据进行标准化规范,便于后续与各业务、各职能部门间能够高效通畅地交互;开放性,即保证数据传输通道的连通,表现为数据层的接口化,便于应用层的嫁接,以具备实时信息交互能力,加倍放大数据层的实用效益。

(三)遵循平台数据安全的可靠性原则

数据安全是平台建设遵守的重要原则,唯有保证平台的数据安全,才能保证平台功能的可用性和准确性,一切才有意义。高校大数据平台中流动着大量的隐私性数据信息,无论是教职工、学生个人信息,还是教学、科研等相关财务活动信息,一旦被恶意攻击或者泄露,都会造成不可修复的负面影响。为严格遵循数据安全的可靠性原则,需从身份认证、加密、入侵检测、防火墙等技术方面对平台的网络安全、系统安全、应用安全和安全管理制度等进行全方位搭建。

高校大数据平台的建设,也要配套相应的归口管理和统筹机制,平衡数据资源的建设与业务功能的应用的协调一致,以数据为中心,以需求为导向,不断深入拓展应用的广度和深度,注重实效和服务,加强平台的易用性和智能化,丰富高校的管理和服务手段。

第二节　平台功能

高校大数据平台应主要包括以下功能模块:

一　平台支撑数据共享和业务协同

大数据平台要实现作业模式的转换,匹配“放管服”政策改革,数据共享和业务协同无疑是必过关卡。所以数据共享能力和业务协同机制是平台建设不可或缺的功能模块,两方面必须并驾齐驱,才能确保平台其他建设任务的顺利落地,这是制约平台扩展性和灵活性的基础。

随着大数据平台的建设和应用,数据将成为高校最具价值的一项新型资产,每一条数据都有“牵一发而动全身”之功效。为实现高校内部数据之间、内部数据和外部数据之间的连通和复用，彻底打破数据隔离的现象，需要做到两方面：一是对数据进行全面标准化处理；二是对数据进行如资产式的编目和接口式共享管理。同时，遵照数据安全的可控可管原则，实现高校数据从获取、存储、传递到共享查询、分析处理的整个生命周期的功能管理。

数据和业务就像是血和肉，不可分割。工业时代分工更加精细，但也给协同合作提高了沟通链接成本。现今搭乘智能大数据技术，通过数据信息的即时交互和累积，原本分散于各个部门的业务被集约起来，进行流程优化，从根本上实现了跨部门、跨地域、跨时区业务的一条线操作，充分发挥了承载信息流的业务协同作用。

数据共享和业务协同的实现，顺应了大数据时代财务领域的四大创新思维[①]。当平台数据层具备先进良好的数据基础，能够提供有效的、鲜活的数据共享，而业务部门能够自主定制需要的数据分析，在整个流程中，数据的获取、传递和查看过程，则不再需要其他技术 IT 人员的参与，既减少了等待数据收集的响应时间，又加快了业务流转实施的效率，整体流程将比现状效率优化数十倍。大数据平台的落成，实现了财务智能化变革，通过云计算、大数据等技术支撑，链接商旅服务、集中采购平台等共享数据信息，同时打通人事、资产、科研、基建等业务协同交互的通道，提升了财务数据信息的可用性。如此一来，大量的财务人员将从烦琐的工作中解脱出来向着管理咨询的角色转型发展。

二 可视化数据

将数据汇聚在一起，就可能发挥出核聚变般能量吗？答案是否定的。如同生活可以欺骗你一样，很多时候，即使你手握巨量高质量的数据队列，

① 张庆龙教授提出 2019 年在财务领域应该掌握的四个创新思维：数据思维、链接思维、协同思维和智能化思维。

也依旧不能从中透析出这些数据要表达的本质。因为正常情况下，人脑对数据处于无感应倾向，却对图像有着高度的敏感倾向。可视化成为数据表达最有力的表现形式之一。

大数据平台利用交互式可视化分析等数据挖掘技术，让一些原本扑朔迷离的、横跨时空的、散落各家的数据关联链，瞬间变得清澈见底，实现“所见即所得”，极大地满足了各业务、各职能部门管理层对权限管理范围内的宏观把控需求，同时也提升了决策的精准性和有效性。

三　监测预测预警系统

高校建设大数据平台的最终目标就是科学地利用财务数据，提高管理层的决策水平。一切方式方法都是为了做出更合理的经济决策。平台必须具备监测预测宏观财务指标数据的功能模块，从原来的事后分析，转变为事前预测、事中干预、事后反馈的全程管理模式。

在健全完善监测预测数据仓库的基础上，充分运用数据挖掘和模型分析技术，将危机数据信息转化为可量化的规范指标值，对其进行加工整理归类，按照严重程度和影响范围划分警报级别，形成具有高校业务特色的财务预警系统机制，实现即时将风险点预警信息反馈到相应的业务、职能部门及管理层，做到监测预警的全面性、及时性和灵活性。

未来的高校大数据平台，将是一套完整的集业务协同、共享服务于一体的财务数据智能化解决方案。通过财务会计系统与业务管理系统（商旅服务、集中采购、税务服务、人事服务、资产管理等）的有机结合，推动高校全面内部控制的实现，这样不仅有利于高校加强整体管控能力，而且有利于构建反腐防范机制。

第三节　平台框架设计

一　平台架构布局

大数据平台的建设,就像为高校量身打造一套智能血管并注入鲜活血液的生物工程。当前,虽然有部分高校已经建成了大数据平台,但随着发展运行的累积,数据量日益庞大,这海量数据只能做到堆积,最多提供有限的个性化查询,并没有真正发挥它们应有的价值。甚至有些高校的大数据平台存在着数据研究力量分散、各立门户、资源浪费等问题。因此,要实现平台的设计理念和功能,提升科学智能化治校水平,必须由学校层面实施统一筹建,建成大数据平台中心,实行数据全面性的管理和分发,进而盘活数据挖掘的潜在价值,拓展丰富新型功能。

大数据平台总体的架构布局如图 4-1 所示,主要分为四大层次:基础设施层、数据层、服务层和应用层。同时整个平台都需要配备运维和数据安全保证体系。

(一)基础设施层

基础设施层,包括服务器、操作系统和虚拟化软件,云服务和云存储,负载均衡和数据同步等硬件设备。它通过分布式部署,主要以云服务方式提供底层基础环境,由此架构出虚拟化的计算资源、存储资源和网络资源,实现全局统一的资源池,并进行监控和管理。

(二)数据层

数据层是全平台搭建核心,也是改变现状的破冰点。数据层的搭建包括两部分:基础数据和数据仓库。基础数据的建设基于对高校教学等业务

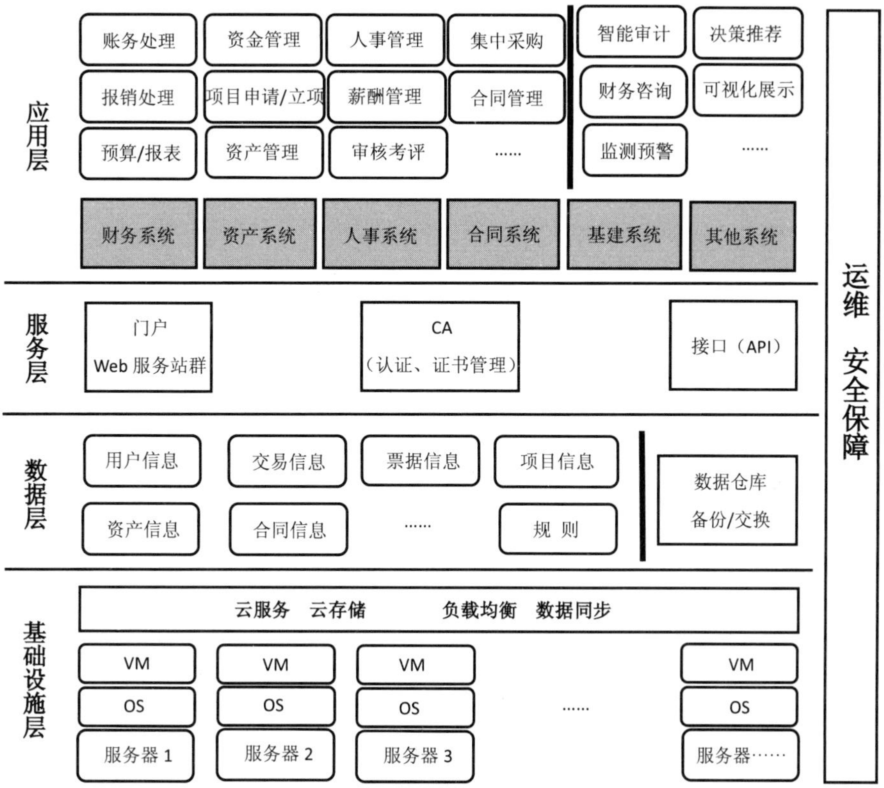

图 4-1　高校大数据平台总架构布局

过程的全面分析和了解，实现包含统一数据标准的全校基础公共数据库：用户信息（教师/学生的基本信息）、交易信息、项目信息、资产信息、合同信息等以及数据之间的关系规则。数据库的主要特点是数据量庞杂，因此应将通用性和高效性作为永远的性能目标去维护。而数据仓库的建设基于对数据标准化的统一，来完成数据挖掘和分析。

大数据时代，数据量的广度和深度均极速扩张，而且每一种类型的数据都有适用于自身业务的特点和标准。以财务数据为例，财政部制定了《企业会计准则通用分类标准》和《XBRL 技术规范系列国家标准》，数据层要解决的问题就是把内外部要在平台上使用的数据进行统一、整理和利用。因此，数据层必须开放 API 接口，满足于和高校各部门间进行数据存储、转换和共享。

(三)服务层

服务层位于数据层和应用层之间。为了能够顺利对接上层应用层，服务层应提供一些个性需求的基础支撑，包括 Web 服务站群、CA 身份认证和证书管理以及 API 接口。Web 服务站群可以实现单点登陆、统一网站管理、统一的界面设计与风格以及一站式受理服务；CA 身份认证和证书管理是确保信息正确、有效地在发送者与接收者之间传播的安全操作；API 接口则是大数据时代一种不可或缺的提供服务的方法，能够快速实现应用程序所需的基底功能调用，形成一个可共享交换的良性生态系统，让数据流动起来，发挥其更大的价值意义，也使得对接的各应用子系统更有生命力。

(四)应用层

应用层包含高校业务管理涉及的几大系统，主要包括财务系统、人事系统、资产系统、合同系统、项目系统以及其他系统。每个系统均涵盖了各自主流业务功能和交互功能。如此一来，高校运行产生的所有数据均可以被控制在大数据平台之内，能够合理优化、分析、分配数据资源，以适应数字经济发展中的高校管理。同时，大数据平台应用层还包括一些高级功能，如智能审计、财务咨询、数据可视化展示、监测预警、决策推荐等，在满足各职能部门需求的基础上，通过对高质量数据进行分类分析，得到一个全局的大盘数据地图和对应指标，建立诸如“态势感知”等能力数据，为学校管理者和决策者提供多元化的方法支撑。

在整个平台建设中，运维和数据安全保证体系需要面对全平台，渗透到每一个节点。这是一个承载了高校所有用户数据、业务交易信息等敏感度极高的集成系统，因此整个数据链条的私密性和安全性都需要得到专业保障，以最大限度地控制数据被滥用等负面事件风险。

二　职能架构布局

高校财务大数据平台建设是“一把手”工程，只有单位负责人站在战略和全局的高度亲自组织领导信息系统建设工作，才能统一思想，提高认识，加强协调配合，从而推动信息系统建设在整合资源的前提下高效、协调推进。如图 4-2 所示，高校大数据平台的建设应从上层建筑方面开始设计规划：由学校党委常委统筹成立大数据平台建设小组并担任组长，组员涵盖全校所有的教学、行政、后勤部门。其中，小组办公室设在信息化中心，负责大数据平台的具体实施建设。各教学业务部门和相关行政职能部门的数据均通过信息化中心进行集中收集整理、统一分发连接，通过设置数据交换和共享权限、业务在线审批权限，实现各部门之间的业务协同合作。

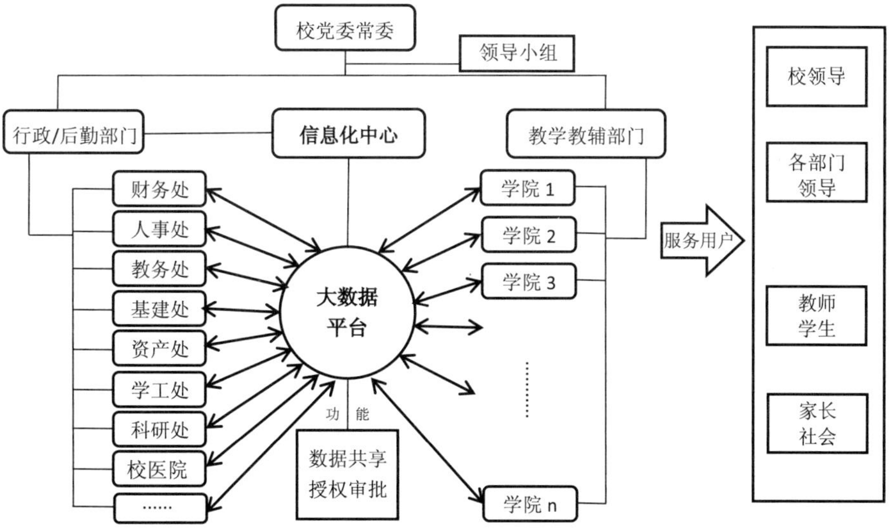

图 4-2　高校大数据平台职能架构布局

除此之外，平台建设小组各层级需对服务用户负责。大数据平台生产数据最终服务于校级领导做总体决策，服务于各级部门领导做部门部署决策，服务于教师即时获取工作信息（教学、项目、薪酬等进度），服务于学生即时获取学业动态信息（课时、成绩、奖学金等），服务于家长获取学生在校情况，服务于社会获取科研成果转化、校企合作等教育资源共享信息。

高校大数据平台的职能架构，是本着适应全局、传达高效、结构扁平的原则设计的，与大数据平台总体架构布局协调一致，满足未来高校快速发展的要求，同时能够清晰权责、灵活变通。以大数据平台为中心，能够共享资源，节省冗余的人力和业务流程，精准解决目前高校大数据建设存在的问题。

三　数据仓库

数据仓库的概念在 1993 年由比尔・恩门（Bill Inmon）首次提出，数据仓库"是一个面向主题的、集成的、随着时间变化的、非易失性的数据集合，用以支持管理层的决策过程"。它和传统数据库不同，传统数据库偏重于数据的收集、记录等，而数据仓库则偏重于对数据库中历史数据的分析。数字经济时代，通过对数据的自动化处理和分析以满足决策需求，这正是数据仓库相比于传统数据库的优势特点。所以，数据仓库是高校建立大数据中心的关键所在。

数据仓库的工作内容可以分为四个环节：数据源、数据仓库、数据分析与挖掘、前端访问（见图 4-3）。其中，数据源既包括高校自身的业务系统数据，也包括外部数据。面对不同系统、不同历史时期的数据，必须经过汇总、整理等一系列标准化处理，才可以进入下一环节。可见，数据标准化是许可数据进入数据仓库的必要前提，标准的数据元素和元数据①是构成统一数据

① 元数据即描述数据的数据。在数据仓库中，元数据可以分为技术元数据和业务元数据。

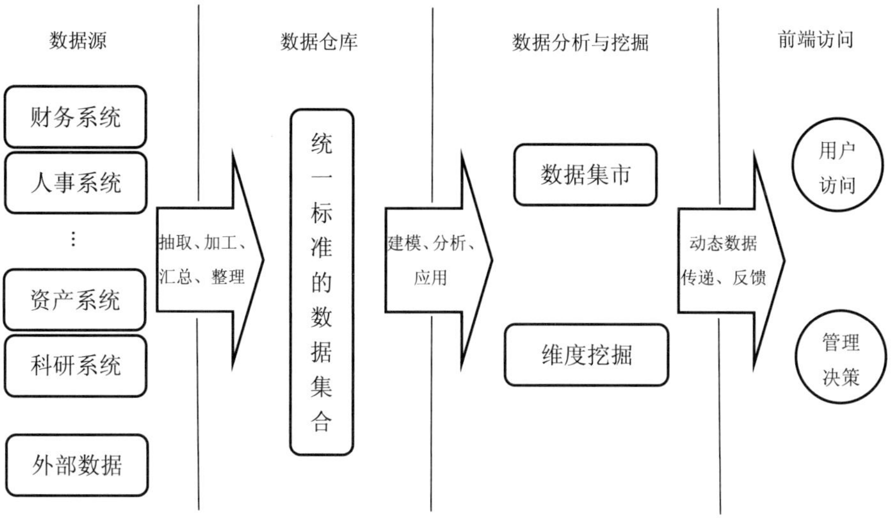

图 4-3　数据仓库工作结构图

仓库的基本单元。只有让数据生产方和数据使用方对共需数据的含义、标识有着一致而准确的理解，才能够满足因业务特性不同对共需数据有不同角度、不同功能要求之时，提供最有效的基础数据源。就像只有在纯色底板上才有无数种绚烂的可能性，如果底板本身色彩斑斓，那么可发挥再造空间就很小了。有了这一前提，才能保证数据在数据仓库中产生关联性数据表，形成数据集市，进行后续的分析与挖掘环节，在数据量冗余的环境下，通过有效传递，满足前端用户更多的查询和决策需求。

数据仓库落地于大数据平台的数据层，其数据是动态流动的，是即时交换并回传的。这也是数据仓库为满足大数据平台的需求逐步打通各业务数据之间的鸿沟、对接各子应用系统形成信息通道、实现数据共享和业务协同以及预测预警这一重点诉求的优势特征。在具体操作中，可通过梳理高校业务流程并提取对应的数据元素，获得完整的高校常见业务数据元素目录（见表4—1），而数据仓库的作用就是竭尽所能让这些数据源为之所用。无论是公共数据部分、业务数据部分，还是外界数据部分，数据仓库都可以将这些分散的传统数据库激活、统一，赋能形成可连通的高价值数据，最终将分析结果返回到业务子系统，服务于相应用户。

表 4-1　高校常见业务详细数据分析

业务系统	可获取数据	具体数据
财务系统	财务数据	收入、支出等记账数据
		预算、决算等报表数据
科研系统	项目数据	编号、名称、经费额度等
资产系统	资产数据	资产名称、类别、金额、折旧、变动、处置等
合同系统	合同数据	合同类型，甲方、乙方、金额、实施进度等
人事系统	人事数据	人员代码、姓名、人员类别、级别、薪酬等
教务系统	教学数据	课程名称、课时量、班级、成绩等
学工系统	学工数据	学号、姓名、班级、奖学金、勤工等
医疗系统	医疗数据	医院信息、医疗保险类型、医药报销金额等
外部系统	银行数据、个税数据、政务数据等	电子回单信息；个人所得税、增值税等税务信息；政策信息等

四　应用实例分析

结合以上关于高校大数据平台建设框架的设计，以高校常见的一项经济活动进行实例的应用分析：

财务系统中接收到已经通过审核的 A 学院 B 老师提交的 C 项目下的学生劳务发放表，金额为 2 万元，提交银行发放成功，并记账。

其中，B 老师在本条交易中涉及的基础公共信息为姓名、人员代码、人员类别、所在部门，这些均授权于人事处运营维护；C 项目在本条交易中涉及的基础公共信息为项目名称、项目编号、项目负责人、额度预算，这些均授权于科研处运营维护，并且会在项目负责人信息方面与人事处的教工信息数据进行互通，在额度预算方面与财务处项目额度控制信息进行互通；学生劳务发放表在本条交易中涉及的基础公共信息为学生姓名、学号、专业班级，这些均授权于学工处负责运营维护，另外，涉及学生银行卡信息授权于财务处运营维护,发放金额授权于项目负责人管理提交。

通过本例不难发现,高校发生的经济事项几乎都会涉及两个以上职能部门控制的公共数据,这就需要进行关联性数据表的结构设计,以减少数据的冗杂,同时这也是进行数据分析和挖掘的前提。如图 4-4 的业务应用案例分析,此项业务首先由 B 老师登录大数据平台应用层的“财务综合申报系统”这一入口,进入大数据平台,形成一条数据信息。然后由 B 老师所在部门领导复核审批,形成“财务记账系统”中的一条记账信息。在这个过程中,充分利用了各子业务系统的数据库关联关系,进行公共数据信息以及业务数据的交换共享。数据在经历了从产生、存储到交换、转化的过程后,连接学生信息库,转入财务“银行代发系统”发放。发放完成后,将本条业务进度完成情况通过短信平台发送给 B 老师。至此这一经济事项基本完成,并在大数据平台中留存了涉及的所有数据痕迹。事件后,财务系统对 C 项目的数据记录会变更,并同步至科研系统。后续随着报销记录的更迭,基于这些数据可以进行本项目执行程度、学校科研支出情况等动态数据多模型分析和展示。

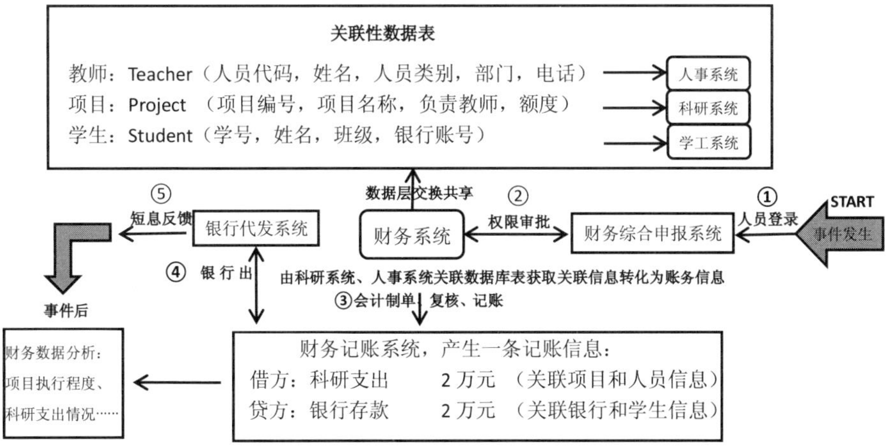

图 4-4　业务应用案例分析

本章主要从技术层的平台架构布局和管理层的职能布局来实现高校财务大数据平台建设的设计理念和功能。无论是扩展性、灵活性,还是高校的特殊需求性,均能满足大数据时代对数字化、智能化发展的趋势要求,这是进行高校财务数据分析和挖掘的规范保障和科学依据。如此,既保证了分析的全局性,又保证了分析的先进性,实现在基础性和综合性的双重护航下,解决目前高校"信息孤岛""信息血栓"的难题,实现在"通畅和连接"状态下的财务数据资源整合和利用。

第五章　应用子系统设计

高校建立的财务大数据平台不同于一般的信息系统，是对所有财务相关的财务管理系统、资产管理系统、人力资源管理系统、采购管理系统、合同管理系统等几大子系统的业务逻辑、权限分配、数据信息的资源整合，可以直接为高校中长期战略发展目标服务：不仅可以缓解高校日益增长的业务规模、日渐繁复的业务类型与相对滞后的业务管理水平之间的矛盾，还可以满足日益趋紧的上级监管机构的合规性要求，同时能够消除信息孤岛，打通高校各项业务信息之间的壁垒，降低人为操纵因素。

第一节　财务管理系统

财务管理子系统由预算管理、会计核算、收支管理三大模块构成，同时它也是平台中与其他业务模块子系统产生业务连接最多的信息系统。

一　预算管理

（一）预算管理概述

预算管理全称又叫“全面预算管理”，它为高校实现中长期战略目标提

图 5-1　财务管理子系统基础功能设计

供支撑。预算控制是高校整体层面最重要的控制手段，全面预算工作一般由高校最高决策会议或专设的预算管理委员会领导。全面预算管理具有如下特点：

1. 全方位覆盖、全过程参与、全员参与编制

全面预算的"全方位"指全面预算编制包含高校的一切经济活动，包括经营、投资、财务等各项活动，以及高校的人、财、物各个方面。因此，一般来说，全面预算是由业务预算、投融资预算、财务预算等一系列预算组成的相互衔接和钩稽的综合预算体系。

全面预算的"全过程"指高校在组织各项经济活动的事前、事中和事后都必须纳入预算管理，即全面预算不仅限于预算编制、分解和下达，还包括由预算编制、执行、分析、调整、考核、奖惩等一系列环节所组成的管理活动。

全面预算的"全员参与"指高校内部的各部门、各岗位，上至校内最高决策人员，下至各部门负责人、各岗位员工，都必须参与预算编制与实施。

2. 支撑高校实现发展战略目标的有效方法和工具

通过实施全面预算管理，高校可以将根据发展战略制订的年度计划目标进行分解、落实，支撑单位发展目标的实现。

可以说全面预算工作如果推进得好，那么高校战略发展目标就实现了

一半，各类分项计划才有可能有效落地施行。鉴于全面预算编制的复杂性，借助全面预算管理的数据信息化可以极大地加快相关计划落地的速度。

（二）预算管理模块功能设计

预算管理功能主要包括预算制定、预算执行、预算考核与统计查询四大块。借助大数据时代的科学计算技术，预算管理子系统使高校实施全面预算控制成为可能。

1.预算制定

目前高校每年的大预算申报工作大致分为“一上”与“二上”两轮。编制大预算的主要目的是为了争取教育部的资金支持。由于预算编制工作几乎涉及所有相关部门全员参与，因此每年为编报预算需要耗费大量的人力资源。预算管理引入信息化手段是十分必要的，它可以大幅提升预算编报的效率（见附录图 1）。

将预算制定囊入大数据平台，使其流程化和信息化，能够解决以下问题：

（1）传统电子表格统计效率低下

高校每年的预算申报工作耗时数月，所有部门都要参与其中，而且使用电子表格申报不仅效率低，人工出错概率也高。搭建大数据平台之后，各部门均在统一预算平台上操作，节省了中间使用电子表格反复开展信息沟通与传递的过程；信息系统自动汇总统计比人工汇总统计的效率、准确性都要高很多，工作量的减少可以变向鼓励各部门开展预算申报工作，并使其将精力放在各项预算本身的合理性上，而不是格式调整与信息汇总上；平台系统设计之初带有数据校验功能，可大幅降低出错率。

（2）预算指标精细化不足，预算难以充分落地施行

高校校内预算分解不明晰，可能影响未来一年的科研、工程、项目等一列计划安排进行合理实施、执行。预算是学校进行事前、事中、事后监控的

有效工具，通过寻找学校经营活动的实际结果与预算的差距，可以迅速地发现问题并及时采取相应的解决措施。通过强化对预算的编制、管理等措施，可以降低、规避、化解风险，并根据预算，对未来一年的支出、项目、计划进行合理有效的监管。如果学校预算指标制定时精细化不足，就会导致各业务部门或附属单位在预算执行过程中难以做到分类分项管控；如果各分类分项的管控力度不足，又将导致整体预算执行偏离原定目标。大数据平台的信息化手段上线后，系统对预算精细化有强制设计，部门申报预算必须足够精细，该预算一旦录入系统就会作为部门花费的卡尺，反向推动各部门重视预算的编制工作。

2. 预算执行

在预算编制精细度足够的情况下，预算执行工作才会发挥效果。信息系统中设置的预算执行管理功能，主要是对总体或分项预算实施过程进行监控与内部调整，确保预算不脱离实际。

预算执行功能信息化和数据化后，主要解决以下问题：

（1）弥补预算执行过程中监管缺失

《教育部直属高校经济活动内部控制指南（试行）》（教财厅〔2016〕2 号）第 2 号预决算管理第四章第十二条规定："高校应重视并认真做好预算执行工作，加快预算执行进度；加强对结转结余资金管理，制定政策盘活存量资金，建立预算统筹调剂机制。"第四章第十三条规定："高校应严格按照法律法规组织会计核算和开展会计监督。监督内容包括各预算执行单位是否依法依规组织收入，各类支出是否符合依据、标准、审批权限和使用要求，项目支出预算是否专款专用等。"

部分高校在实际预算执行过程中，只能做到对预算总指标是否超支进行管控。当意识到预算总指标可能要超支时，预算大幅超支的问题往往已经无法控制，只能任由超预算的情况发生。以往由于预算编制指标不准确、不精细，预算执行情况相关信息手动搜集困难等因素限制，高校预算执行监控形同虚设，不能起到实现预算控制的初衷。而预算执行阶段信息化后，预算执行效率、预算控制手段将更为多样化，落地后更有可操作性，预算控制借助系统强制实施，预算执行情况可视化，便于归口管理部门跟踪管理预算各项预算收支是否准确、完整。

(2)被动预算调整，导致总体预算控制失效

《教育部直属高校经济活动内部控制指南(试行)》(教财厅〔2016〕2 号)第 2 号预决算管理中第四章第十五条规定："高校应建立'先有预算、后有支出'的预算支出机制，保持预算的稳定性和严肃性。同时，高校应当建立健全校内预算调整申请与审批程序。对由于工作任务变动等客观因素导致确需增加、减少或取消预算的，应当严格按有关规定履行相应的预算调整审批程序。"

以往高校预算调整很多都是被动调整，也未履行严格的报批程序。被动调整指预算达到预计总指标前，不存在预算控制；一旦发现预算即将或者已经超过控制指标了，后续经营性支出、投资支出又不能停止，例如在建工程停工期间仍要计算成本支出、员工工资等，属于单位刚性支出，在这种背景下，想要降低损失只能被动调整预算支出。而信息系统预算控制上线后，一方面，所有预算调整必须走严格的在线报批程序；另一方面，由于预算指标更加精细化，以往预算频繁串项的情况将大幅减少，分项预算控制将真正发挥控制作用。一旦分项预算控制住了，内外部条件导致预算增加的问题原因在全面预算执行的初期和中期就能被发现，预算控制就能从旧有的被动调整变为主动调整了。

3. 预算考核

预算考核功能是整个全面预算管理的最后一个环节。预算考核机制的顺利运转，可以盘活整个预算管理过程，使之形成良性的正反馈循环。但需要重点注意的是，预算编制的精细化、准确性、实用性是开展预算考核工作的基石。

预算考核功能的信息化可以解决如下问题：

(1)预算控制形同虚设，执行效率低下

《教育部直属高校经济活动内部控制指南(试行)》(教财厅〔2016〕2号)第2号预决算管理中第六章第二十二条规定："高校应当加强预算绩效管理，建立'预算编制有目标、预算执行有监控、预算完成有评价、评价结果有反馈、反馈结果有应用'的全过程预算绩效管理机制。"

制度与系统的执行方是人。即使再好的制度与控制手段，如果没有人去按要求执行，最终也只会沦为摆设，这也是预算管理虽然推进多年，高校预算考核工作却停滞不前的原因之一。预算考核环节信息化后，可以推进预算流程设计执行的有效性，强制相关部门根据系统中的考核指标执行预算考核要求，并反向促进预算编制环节更加高效、准确、精细、可落地执行。

(2)缺少预算考核体系的问题

在传统手工预算编制汇总的背景下，预算考核指标的设计、考核信息的整理、考核结果的沟通与下达会耗费大量的人力。考核系统上线后，过程信息与汇总计算都由系统自动生成，考核管理部门可以直接通过系统向被考核单位上传下达考核结果，预算考核操作也就更具有可操作性。

4.统计与查询

通过设置统计查询条件，需求人员可以更加便捷地找到所需信息，例如统计历年各分项预算的执行率等，统计结果可以为管理层决策提供参考依据。

统计与查询功能信息化可以解决如下问题：

(1)手动查找预算相关信息效率低下

例如，要查询某几个部门某类分项预算各年度执行情况，手动查找需要收集各年度分项电子表格，并手工统计后进行查询操作。统计与查询功能在信息系统上线后，需求人员只需要简单设置查询条件即可一键生成查询结果。信息化统计与查询功能甚至可以满足更复杂的用户需求，这是手工统计效率无法比拟的。

(2)传统预算管理缺少大数据分析,数据统计结果实用性不强

传统手工统计一方面受限于预算编制的颗粒度、精确度不够,另一方面手工统计效率不高,不能对复杂统计分析需求做出响应。而统计与查询系统上线后,需求人员可以将更多精力放在数据查询逻辑的组织上,多维度、复杂的统计结果易于实现,统计结果的质量会提高,甚至可以直接为管理层决策提供依据。

二　会计核算

(一)会计核算概述

会计核算属于财务管理范畴中的最基本功能,财务大数据平台所有业务逻辑在报表中的最终落地呈现,都要借助财务核算体系。财务核算工作的目标是及时、准确、基础地在财务报表上反映高校的资产负债状况、现金流情况、利润情况等。如果财务核算不准确,那么对于高校的管理者来说,就无法对单位的健康状况作出准确评价,运营计划、预算管理、资金管理等业务更无从谈起。

自从进入信息化社会以来,各个业务模块中最先在全球各公司全面普及推广的就是财务核算系统,不论公司大小,财务管理核算基本已经成了标配,由此可见财务核算工作的重要性。而财务大数据平台,就是要在财务核算系统的基础上,打通各个业务模块的互联互通,真正实现大财务管理的一体化、便捷化。

(二)会计核算模块功能设计

会计核算功能包括初始设置、凭证处理、账簿管理、报表管理。它是财务管理子系统中最基础同时也是最核心的功能。

1.初始设置

初始设置指会计核算初次运行时需要设置的一些基础信息,包含账套设置、时间设置、会计科目设置、初始余额设置等。

账套设置:系统投入使用时需要新建账套。

时间设置:系统投入使用时需要设置财务开始时间。

操作人员设置:系统管理员设置业务操作人员的权限、密码等信息。

会计科目设置:按照高校会计准则要求,确定会计科目级数、各级代码的长度。

初始余额设置:系统投入运行前输入单位各会计科目的初始余额。

2.凭证处理

凭证处理功能包含凭证输入、凭证修改、凭证审核、凭证查询、凭证汇总等。

凭证输入:会计在系统输入原始凭证信息。

凭证修改:会计在审核前直接进行系统凭证修改。审核后如果有修改需求就要重新制作凭证。

凭证审核:审核人员对输入的凭证进行检查,如果无误则签名确认,如果有误则退回。

凭证查询:会计或相关授权人员在系统根据凭证基本信息查询凭证。

凭证汇总:凭证在系统中自动完成汇总。

3.账簿

账簿包含日记账、明细账、科目汇总表、总账等。记账凭证经系统分类汇总后,形成日记账、明细账、科目汇总表和总账等。

4.报表

报表包括资产负债表、损益表、现金流量表、科目明细表、科目汇总表。系统根据凭证信息,自动生成固化格式后的资产负债表、损益表、现金流量表、科目明细表、科目汇总表等财务报表。财务报表反映的是单位真实的身体健康指标，所以它对记账凭证等原始信息的准确性要求很高。

三　收支管理

(一)收支管理概述

收入管理中的收入指高校为开展教学、科研及其他活动依法取得的各项非偿还性资金，包括财政补助收入、事业收入、上级补助收入、附属单位上缴收入、经营收入和其他收入。一般需要财务部门统一管理、集中核算。高校的收入源头有很多，教学单位收费、各学院培训、不动产租借等都可能会有不同类型的收入来源。各项收入来源是真正为高校创造资金流入的渠道，所以收入管理质量的高低将直接关系到高校整体健康状况的好坏。

支出管理中的支出指高校开展教学、科研及其他活动发生的资金损耗和损失。造成高校财务状况恶化的原因就是支出控制措施的失效。例如，一些高校频繁出现预算外支出，会给单位造成短期乃至长期的巨大的资金压力，甚至使单位难以维持正常运营支出。支出管理主要通过程序控制与预算控制实现。就目前很多高校的实际管理水平来说，程序控制线上优于线下，预算控制精细化不够，基本上很多时候都是失效的，所以整体上来看，我国高校在支出管理方面还有很大的提升空间。

总的来说，如果把高校比喻成个人，把收入比喻成造血，把预算外支出比喻成失血，那么收入来源、回款越迅速则代表造血功能越健康，而一旦在运营管理中对预算外失血不进行控制，即使造血功能再强，人的身体也只会越来越虚弱。以往支出控制很难的原因与教育部预算划拨体系有关，很多干预花钱的高校次年能够要到更多的预算支持，所以每年各大高校都在努力花钱支出。但是结合目前国家的经济形势及政府财务状况来看，一旦教育部下拨的资金预算收紧，那么很多高校的财务健康水平可能会急转直下，整体支出还是那么多甚至越来越多,但是收入来源却减少了。高校若想未来长期保持运营健康水平甚至存活,从现在开始就要开源节流,每年控制并逐步收紧支出情况,增加收入来源渠道,提升收入的质量。但由于每年收入与支出数量太多,仅以人力手段基本难以做到对收支情况的精细化跟踪管控,所以从成本效益原则的角度出发,收支模块引入信息化是十分有益的。

(五)收支管理模块功能设计

收支管理包含收入管理和支出管理。收支管理是高校经济活动管控的前线,两个业务模块都直接与资金有关。

1.收入管理

收入管理包括学费收入、科研收入、其他经营收入、教育事业收入、应收管理等类型。高校收入的主要来源是财政拨款、学费、住宿费、培训费、不动产对外租金费用、外国留学生学习/交流费用等,而稳定的财务收入是学校日常营运、科研投入、工程项目投资建设的基础保障。这里以学历生收费流程为例供系统设计参考,不同类型收入由于渠道来源不同,系统流程设计也会有所不同(见附录图 2)。

收入管理信息化主要可以解决如下问题:

(1)收费手段单一、收费统计及效率低下

《教育部直属高校经济活动内部控制指南(试行)》(教财厅〔2016〕2 号)第 5 号收入管理中第三章第三条规定:“高校应加强收入管理,建立健全收入管理制度,严格按照国家有关规定合法合规地组织收入;各项收费应严格执行国家规定的收费范围和标准;各项收入应全部纳入财务部门统一核算与管理;按规定及时足额上缴各类应缴国库或财政专户的资金;应定期或不定期地检查收入实现情况,建立收入管理责任追究制度,确保各项收入应收尽收。”

高校不同于企业,收入来源十分庞杂。以收取学费为例,每年本科生、研究生学费收取工作量十分繁重，每年度单位财务收费窗口都要经历一次全校数万学历生缴纳学费收入的考验，而且学历生学费缴纳的方式也多种多样。针对这类收入，引入信息化手段提升收费管理的效率就显得十分必要。收费管理系统上线后，学历生可以选择线上或线下两种缴费渠道，费用缴纳的方式可以灵活选择现金缴纳、贷款缴纳、第三方支付、银行代扣代缴等，这不仅极大地增加了收入缴纳的便利性，同时也降低了出错的可能性。

(2)收入统计完整性、及时性不足的问题

《教育部直属高校经济活动内部控制指南(试行)》(教财厅〔2016〕2 号)第 5 号收入管理中第三章第十条明确规定："高校各业务部门应当严格按照合同管理要求签订合同，并在签订涉及收入的合同协议后，及时将合同等有关材料提交财务部门作为取得收入及账务处理依据，确保各项收入应收尽收、及时入账。财务部门应当定期检查收入金额是否与合同约定相符；对应收未收项目应查明情况，明确责任主体，落实催收责任。"

高校由于其自身的业务特点，需签订合同的收入部分，由于涉及合同数量多、类型广，单位难以从整体层面定期统计并掌握各类业务的应收、实收情况。收入管理系统上线后，就可以借助信息化手段统计、分析合同信息，定期检查收入金额是否与合同约定相符，对应收未收项目应查明情况，明确责任主体，落实催收责任。

(3)收入责任追究机制不完善、收入跟踪清缴责任不清

《教育部直属高校经济活动内部控制指南(试行)》(教财厅〔2016〕2 号)第 5 号收入管理中第三章第三条规定："高校应加强收入管理，建立健全收入管理制度，严格按照国家有关规定合法合规地组织收入；各项收费应严格执行国家规定的收费范围和标准；各项收入应全部纳入财务部门统一核算与管理；按规定及时足额上缴各类应缴国库或财政专户的资金；应定期或不定期地检查收入实现情况，建立收入管理责任追究制度，确保各项收入应收尽收。"

部分高校尚未建立明确的收入责任追究机制，例如，一些部门存在应收

长期挂账无法及时清缴也无人跟催的情况；有些单位未将出租出借收入全部纳入收入预算，造成高校收入收取不足额，对高校造成损失后，也未进行任何责任追究。收入管理系统上线后，强制所有收入合同录入系统，做到收入统一管理、不存在漏项，同时系统按预设信息定期提示收入缴纳情况，对于收入收取存在异常的，系统自动发送通知给各责任部门，要求开展收入跟踪清缴工作。而收入管理工作的在线记录，就可以作为收入责任追究的依据。

2. 支出管理

支出管理包括工资拨付、资金支付、借款管理、费用报销、查询与分析等。高校支出工作的管理对单位的正常运营发展至关重要，一方面，支出控制是否严格直接影响到单位现金流的健康状况，另一方面，高校现金流的健康与否不仅关系到单位的日常营运，更关系到未来高校是否有能力开展新的投资及基础建设工作。高校资金支出的类型有很多，下面以借款管理为例，在进行支出业务流程设计时可以参考（见附录图 3）。

支出管理信息化可以解决如下问题：

（1）大额资金支付不规范

《教育部直属高校经济活动内部控制指南（试行）》（教财厅〔2016〕2 号）第 6 号支出管理中第三章第七条规定："高校应当建立健全各级单位支出的内部审批权限、程序、责任和相关控制措施。重大财务决策、重要项目资金安排和大额资金的使用，必须实施集体决策。"

部分高校在大额资金支付时，未明确大额资金的定义标准、报批程序，造成资金支付过程的混乱。资金支付环节实现信息化后，在需求设计阶段，高校需要明确各类资金的定义并固化为系统报批程序。

（2）费用报销业务数量大、效率低

高校由于规模与体量巨大，每年的报销工作量也十分庞大。传统的线下签批手续不仅操作繁琐，而且报销单据上的签字信息等可能存在识别与篡改的问题。费用报销上线后，所有报销签批都走线上流程，报销人员只需要打印报销单据并附发票后完成投递即可,财务人员在线核对审批信息与纸质版报销材料是否一致,整个报销程序就完成了。信息化使得整个费用报销的效率大幅提升。

第二节　资产管理系统

资产是指高校占有的或者使用的能以货币计量的经济资源,包括各种财产、债权及其他权利。高校的资产包括流动资产、固定资产、在建工程、无形资产和对外投资等。

整体来看,一方面,目前高校在固定资产、不动产方面的管理工作相对较多,对无形资产、对外投资方面等领域的管控较为薄弱。另一方面,无形资产、对外投资的管理制度、管理流程均有待完善。随着业务规模的不断增长,很多高校资产的绝对数量已经十分庞大,传统的人工管理方式已经不能满足内部对资产管理的需要。由于资产管理水平跟不上所导致的账务、资产损失等问题时有发生。部分高校甚至长期在财务账目、资产台账、资产实物之间难以做到一一对应,且由于资产数量过于庞大,部分实物缺乏资产标签,即使知道账实不符,也难以查询并确定问题所在。高校作为庞大的运营单位,在资产管理方面应当与时俱进,发挥信息化在数据处理方面的优势,对资产管理工作进行一次大的整顿,全面提升资产管理水平,使管理效率与资产规模相匹配。

资产类别中的固定资产,具有价值高、使用周期长、存放地点分散、人工管理难度大等特点,以高校现有的人力资源,难以全程参与整个资产的新增、维护、盘点、出租出借、维修、报废等业务周期。目前,部分高校已经引入外部现代化企业成熟的管理理念,对固定资产施行条码化管理,通过跟踪固定资产的条码信息,管控固定资产的整个周期。高校固定资产的规模,也适用于条码管理,目前部分高校已经引入并取得了良好的效果。

以高校大数据平台建立为契机,推进资产管理系统的信息化,进行如下功能设计：

资产管理系统的主要生命周期包括合同资产基础信息管理、资产新增管理、资产日常管理、资产退出管理、报表管理(见图 5-2)。

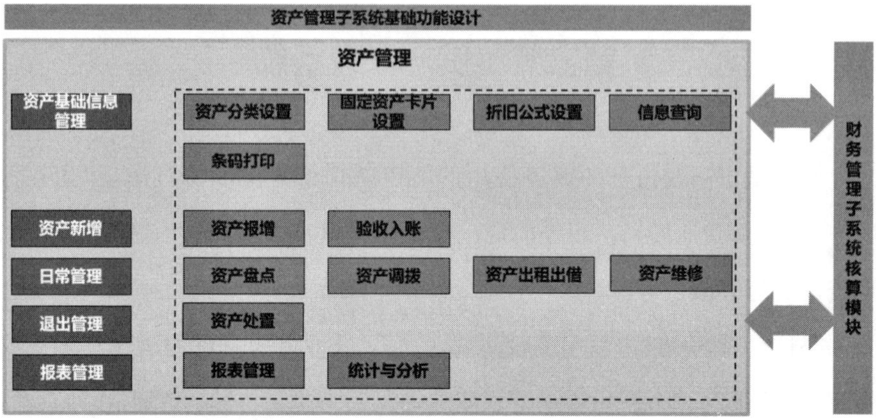

图 5-2　资产管理子系统基础功能设计

一　资产基础信息管理

资产基础信息管理模块包含资产分类设置、固定资产卡片设置、折旧公式设置、信息查询、条码打印等环节。

资产分类设置是指高校按照无形资产、固定资产、不动产等类型在系统中将全校资产进行分类，如有更细化的分类需求也可在设计阶段提出。

固定资产卡片设置要求系统固定资产编号与实物卡片做到一一对应。卡片信息应包含固定资产属性、归口管理部门、使用部门、保管人、保管地点、折旧年限、供应商、入账编号、入账日期、备注等信息。资产管理人员需要为每项资产单独建立固定资产卡片，保证资产账目与实物对应的准确性，固定资产的唯一性、可追溯性。考虑到高校资产管理的特点，建议固定资产卡片设置施行条码化管理。

折旧公式设置功能建议保留，虽然高校暂未开展过折旧操作，但教育部办公厅印发的《教育部直属高校经济活动内部控制指南（试行）》（教财厅〔2016〕2号）已明确要求高校应注意“应计提折旧的固定资产未按规定计提折旧或无形资产未按规定摊销，导致财务信息不真实、不完整”的风险。未来适用于高校的折旧细则推出只是时间问题，高校可以提前在信息系统设计阶段考虑预设此功能。

信息查询功能指需求人员按照资产信息关键字检索资产信息。资产信息信息化可以提升检索的便捷性、准确性。

条码打印功能指信息系统按照既定规则自动生成条形码，条形码包含所有固定资产的卡片设置信息。固定资产报增环节系统连接打印机打印条形码，然后将条形码贴到实物资产上，作为其账实对应的标签，便于后期跟踪管理。高校的固定资产数量庞大，进行盘点或抽查时，传统的人工识别固定资产编码是否与账目对应的手段，效率和准确率都很低，所以引入条码管理机制十分必要，盘点人员只需使用手持设备扫描固定资产身上的条形码就可以完成盘点操作，极大地提升了资产盘点效率。

二 资产新增

资产新增功能包含资产报增与资产入账两个环节。资产报增环节由资产管理人员在线操作完成，如果是固定资产报增，系统会自动打印条形码，由资产管理人员贴于固定资产实物上，方便日后追踪；资产入账环节涉及两个账目，一个账目是报增完成后入固定资产台账，另一个账目是通过接口同步更新财务账目。

将资产新增环节在信息系统中固化可以解决如下问题：

（一）固定资产账账、账实不符的问题

《教育部直属高校经济活动内部控制指南（试行）》（教财厅〔2016〕2号）第3

号资产管理中第四章第十六条规定："高校应当建立健全固定资产账簿登记制度和资产卡片管理制度，完善资产信息管理系统，做好资产的统计、报告、分析工作，确保资产账账、账实、账卡相符，并实现对资产的动态管理。财务部门、资产管理和使用部门应当定期核对相关账簿、记录、文件和实物，发现问题应及时报告和处理。"

但部分高校在固定资产管理工作中仍存在财务账目与资产账目、账目与实物间无法一一对应的情况。这种问题的出现主要是由于部分新增资产在入账后，相关经办人未及时在财务处报销入账导致的，此类入账时间差造成财务账目与资产账目无法做到一一对应。最有效的解决方式就是将财务系统与资产管理系统对接，在资产部门报增入账完成时，财务系统同步进行会计核算。

资产台账与财务账目不能保持实时一致，可能出现已投入使用的资产未入财务账目或资产账目的情况。由于财务及资产的账目变动频率高，资产及财务资产系统间缺乏联动性，导致学校无法准确掌握该类资产的使用和保管情况。

（二）固定资产建档后识别效率低下的问题

传统的固定资产建档方式，操作效率及识别效率十分低下。例如，在标签上手写固定资产信息，一方面，手写信息的准确率较低，标签信息可能因为设计原因并不完整，另一方面，手写标签易于篡改，在进行账目与实物检查时需要人工肉眼核验，一旦标签信息填写错误或者核验人员产生疏漏，则很难回头再查找差异原因。考虑到这些因素，信息系统报增建账阶段采用条形码技术就非常合适了。下面来看看条形码技术的优点：

(1)制作简单，普通打印机连接系统就可自动生成。(2)存储信息量大。条形码内含信息量基本可以覆盖所有资产信息，所需信息也可在系统内进行预设，简单方便。(3)信息全面且准确率高。条形码所含信息由系统自动生成，省去了人工填写标签的中间环节，所以信息不仅全面而且准确率高。

(4)识别速度快。通过扫码枪扫描条形码,相比人工检验效率成倍提升,而且被扫描资产信息直接录入系统,省去了人工盘点操作中打印盘点表并完成盘点后再将差异结果录入信息的繁琐操作步骤。(5)推行成本低。条形码技术推广无需采购特许设备,上线后基本不需要大规模专业培训就可上手,整体推行成本较低。

子系统中的固定资产报增流程设计可以参考附录图4。

三　日常管理

日常管理包含资产盘点、资产调拨、资产出租出借、资产维修、资产处置等。

(一)资产盘点

资产盘点功能分为两种:一种是资产使用部门的日常自盘;一种是由资产使用部门配合资产归口管理部门进行的盘点。盘点的频率及范围,各单位有所不同,一般来说,盘点频率至少为每年一次。部分高校由于人力资源限制,每年各资产使用部门会开展一次自盘,由资产归口管理部门组织抽查。以固定资产盘点程序设计为例,可参考附录图5。

推进资产盘点工作信息化主要可以解决如下问题:

1.未定期开展资产盘点问题

《教育部直属高校经济活动内部控制指南(试行)》(教财厅〔2016〕2号)第3号资产管理中第四章第十九条规定:“高校应当建立固定资产定期盘点制度,明确资产盘点的范围、期限和组织程序,定期或不定期地进行盘点。发现账实不符的,应编制资产盘盈、盘亏表并查明原因,追究责任,妥善处理。”《高等学校会计制度》1501固定资产第五条规定:“高等学校的固定资产应当定期进行清查盘点,至少每年盘点一次。”

虽然上级监管机构及高校自有的资产管理制度都会要求其至少每年开展一次资产清查盘点工作,但在实际执行过程中,部分单位的盘点制度形同虚设,有些单位在某些年度甚至没有任何盘点记录,不能证明其真实开展过盘点工作。如果高校不能对资产定期开展有效的清查盘点,就无法保证资产账账、账实相符,出现资产挪用、资产遗失等情况也很难被察觉。

而资产盘点信息化后,归口管理部门每年可以通过信息系统正式下达盘点通知,要求各部门自盘或抽盘,督促盘点工作的顺利开展。而且由于信息化后盘点效率大幅提升,开展盘点的可操作性也就更强了。

2.盘盈盘亏的账目处理不及时

《高等学校财务制度》第四十四条规定:“年度终了前,应当进行一次全面清查盘点,保证账、卡、物相符。对固定资产的盘盈、盘亏应当按照规定处理。”资产清查后的盘盈固定资产,应通过“待处理财产损溢”科目核算并按照同类或类似固定资产的市场价格确定入账价值。对于同类或类似固定资产的市场价格无法可靠取得的,按照名义金额入账;盘亏或者毁损、报废的固定资产,通过“待处理财产损溢”科目核算待处置固定资产的账面价值;处置毁损、报废固定资产过程中所取得的收入、发生的相关费用,以及处置收入扣除相关费用后的净收入,通过“待处理财产损溢—处置净收入”科目进行核算。

但部分高校在完成资产清查工作后,在实际盘盈盘亏操作处理中可能并未按以上要求进行账务处理。盘点信息化完成推进后,一方面,系统会强制要求单位对每年盘盈盘亏结果做在线处理;另一方面,财务系统与资产管理系统的联通,使得盘盈盘亏结果出来后,财务账目会做相应的会计处理,反向推动相关部门去调查盘盈盘亏的真实原因并给出处置方案,以便财务做进一步会计处理。

3.资产分类不准确的问题

部分高校曾经将使用软件纳入固定资产科目,商标及著作权等也未被纳入无形资产进行核算。信息系统设计阶段对高校资产会有更明确的分类，系统上线后，单位会根据财务要求，对已有资产进行更合理的重新分类，满足财务合规的同时便于事后开展统计与分析工作。

(1)资产调拨

资产调拨可以提升单位闲置资产的使用效率，它是资产管理系统中的常用功能之一(见附录图6)。

资产调拨信息化可以解决传统手动、纸质调拨等单形式的资产调拨出错率很高的问题。

高校传统的调拨程序中，可能会出现诸如调拨单遗失损毁、实物资产未更换条码信息、未履行任何调拨书面程序即变更了实际使用人员等问题，长时间后可能资产账目有该资产的台账登记信息，但实际上，实物资产去了哪里则很难追溯查证。

信息化手段上线后，所有调拨强制走线上申请，电子版调拨单因包含更多调拨信息，很容易在系统中搜索查询到资产去向，查询人只要任意输入查找调拨单号、调拨时间、调入部门、调入人员、存放地点、经办人员、经办部门、经办时间等信息，就可以即时全面了解所有调拨信息。

(2)资产出租出借

资产出租出借情况比较复杂，不同类型的资产出租出借流程的差异较大：一般性固定资产出租出借功能即可解决的问题，可以参考资产调拨部分的阐述；不动产的出租出借因涉及不动产的价值评估、第三方评估机构的引入等，线下操作环节较多，线上可以实现进度跟进与公示功能。

固定资产出租出借信息化主要有助于缓解固定资产出租出借后，到期资产及收入无法回收的问题。

上级监管机构对固定资产的出租出借有明确要求，《教育部直属高校经济活动内部控制指南(试行)》(教财厅〔2016〕2号)第3号资产管理中第四章第十八条规定："高校应当建立健全固定资产出租出借管理制度，明确归口管理部门，建立严格的出租出借审批程序。凡需报上级主管部门备案或审批的，应按规定及时办理备案或报批手续。”

在实际执行过程中，高校出租出借的问题主要集中在价值较高的一些固定资产及不动产方面。例如，某些高校存在内外部单位长期占用高校不动产，到期后既不归还使用权也不支付合理租借资金的情况，对单位实际利益造成了长期损害。而出租出借环节的信息化，可以使归口管理部门及时了解哪些资产租借即将到期、哪些资产租借期已过但使用权或租借资金仍未回收等，从而及时做出应对措施，将单位的损失降至最小。

(3)资产维修

资产维修的目的是为了提高资产的使用寿命，在需求人申请维修的过程中，归口部门可选择调配闲置资产给予需求人使用，以间接提升资产的利用效率。

设立在线维修功能可以解决资产缺少维修渠道，旧有资产回收困难等问题。

《教育部直属高校经济活动内部控制指南（试行）》（教财审〔2016〕2 号）第 3 号资产管理中第四章第十七条规定：“高校应当建立固定资产维修保养制度，保证资产正常运行，控制资产维修保养费用，提高资产使用效率。固定资产使用部门负责固定资产日常维修、保养、定期检查，及时消除风险。固定资产需要大修的，应由资产管理部门、使用部门共同组织评估，提出维修方案，经单位负责人或其授权人员批准后实施。”

高校如果缺少固定资产维修渠道，资产使用人员选择长期闲置该资产，重新申请新资产的可能性就很大。而设置在线资产维修申请审批功能，可以为资产使用人员提供明确的维修渠道，也便于用“以新换旧”的方式统一回收受损的资产。

四 退出管理

退出管理功能主要包含资产处置等环节。对于资产来说，有其生命周期。退出意味着资产使用寿命的结束。资产处置环节是对资产退出方式的评价。正常的处置信息包括处置编号、处置原因、处置手段、处置日期、处置价格、处置费用、委托公司、经办人、经办部门、备注等信息。处置环节鉴定完成后有两种处置手段:一种是继续使用,一种是回收残值后报废。走到资产处置环节的资产,一般来说已经达到无法正常使用的状态。

资产处置程序设计可以参考附录图7。

资产处置功能信息化可以解决处置程序不合规、不透明,造成单位经济损失等问题。

《教育部直属高校经济活动内部控制指南(试行)》(教财审〔2016〕2号)第3号资产管理中第五章第二十条规定:"高校应当加强固定资产处置控制。组织相关部门或专业人员对固定资产的处置依据、处置方式、处置价格等进行审核,处置价款应当及时、足额地收取并及时入账。"

部分高校的资产处置申请未经过适当签批,可能存在仍有使用价值或未达到报废年限的资产提前报废的情况,导致资产价值贬损、使用效能低下;部分高校在进行资产处置时,实物与报废资产台账不能一一对应,申请报废处置的目的仅仅是为了资产清查盘点后完成平账,每年资产报废金额巨大,部分清单中所列资产可能并不清楚实际资产去向。

资产退出管理信息化后,精细化资产处置就成为可能。通过推行定期盘点,打通资产与财务系统,确保账账、账实相符,在日常管理中就对申请处置的资产进行逐条检验核对,可以确保处置资产没有遗失,避免私人盗用等情况出现。

五　报表管理

报表管理功能主要包含报表管理、信息统计与分析模块。报表生成可按照高校自身的需求设计。例如,所呈现的报表可按照部门或资产类型进行分类,每种分类下又可以包括分类明细、资产明细等,也可以按照在用资产明细、调拨资产明细、退出资产明细等更复杂的类别分类呈现。信息统计与分析模块可以根据相关部门更多的自定义需求,在系统中以可视化界面实现多条件复合查询、统计并生成分析结果。报表管理与统计分析结果每年可以年度资产管理情况报告的形式体现,作为管理层决策参考的依据。

报表管理的信息化主要可以解决传统的资产管理模式粗放化,无法做到资产组合的有效配置等问题。

高校资产规模数量庞大,每年新增或处置资产的数量也十分巨大,资产组合中可能存在大量资产的实际利用效率并不高甚至重复采购的情况。采用报表管理信息化后,通过借助信息系统强大的运算能力,分析人员在有限的时间内就可以对某类资产在各单位、各部门的分配使用情况作出判断,通过各单位、各部门之间的调拨、租借等操作,节省资金成本,提升资产的使用效率。

第三节　合同管理系统

合同管理是指高校开展教学、科研及其他活动时,与自然人、法人及其他组织等平等主体之间,设立、变更、终止民事权利义务关系的协议。高校需要根据业务类型、组织机构设置和管理层级安排,建立合同分级管理制度。合同权限管理遵循属于上级管理权限的合同、下级单位不得签署的原则。而对于重大投融资类、科研类、知识产权类、不动产类合同,上级单位需要加强管理而不是放任各部门各管一摊,上级单位也有责任加强对下级单位的合同订立以及对合同实际履行情况进行监督检查。

近年来,我国高校的业务数量急剧增加,单位合同类型、数量也日益增多,合同作为单位日常经营管理基础工作的重要性日益突出。而以往用作提升合同管理工作效率效果的信息系统,已不能满足单位日常合同管理工作中出现的日益复杂、多样化的需求。因此我国高校有必要结合实际情况,通过诊断现有合同管理工作中存在的风险，进一步优化合同管理流程，提升单位合同管理水平，规范合同的签订与履约程序，真正实现防范风险、优化管理过程、提升合同管理效率、推动单位各项业务持续健康有序发展的目标。

同时，由于合同管理涉及的业务范围众多，且几乎所有单位开展对外业务合作都需要签订业务合同，因此合同管理水平的高低对单位的重要性不言而喻。可以说，合同管理是高校防范单位对外风险最重要的一道防线。如果高校能够利用信息化手段大幅提升在合同管理业务中的风险防控能力，就能在对外合作中最大限度地保障单位利益不受侵害。

合同管理系统的主要生命周期包括合同模板管理、合同创建与审签、合同履行、合同终结（见图 5-3）。

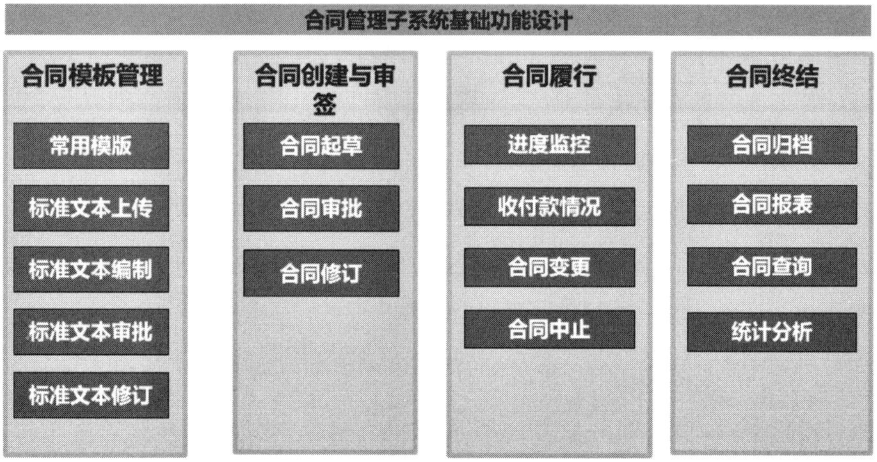

图 5-3　合同管理子系统基础功能设计

一　合同模板管理

合同模板管理是通过对高校所有业务相关合同进行归纳、整理，建立标准合同模板库，由专门的系统管理人员对合同模板进行更新维护，便于合同使用人员直接从系统平台使用标准化合同。

合同模板编制与审核业务流程设计可参考附录图 8。

合同模板管理在整个合同管理过程中,属于对合同风险的事前管控措施,结合我国高校合同风险管理的现状,一旦信息化上线,可以极大地缓解或解决如下问题:

(一)合同类型繁多,一级归口管理职责不清,二级归口管理部门众多,导致合同管理工作难度极大

《教育部直属高校经济活动内部控制指南(试行)》(教财审〔2016〕2 号)第 7 号合同管理中第一章总则的第二条(一)规定:“合同内部管理制度不健全,归口管理部门不明确,未经授权或未按规定的程序签订合同,合同印章管理不规范,可能导致经济资源无法正常流入或形成额外的支付义务。”第三条规定:“高校应当建立健全合同内部管理制度,根据合同类型分类确定归口管理部门和合同执行部门。明确签订合同的业务和事项范围以及合同授权签署权限。明确合同拟定、审批、执行、登记保管等环节的程序和要求。完善合同信息管理系统,加强对合同履行情况的监控。定期检查和评价合同管理中的薄弱环节,加强合同信息安全保密工作,切实维护高校的合法权益。”

但在实际执行过程中,我国部分高校仍存在合同管理工作没有明确的归口管理部门、指定的归口部门职责权限不清或未履行应有职责的情况。而合同管理职责权限是否明确,直接影响到单位合同管理工作能否按预期顺利推行。因为无论是制度还是流程,其最终的执行人都将是人。职责权限的不明确,将会模糊合同管理工作的监督管理人员、合同流程具体执行人员的责任意识,造成整个合同管理体系运行混乱、效率低下。

在对各高校的实际调研中,我们发现,高校合同涵盖了基建、修缮、固定资产、采购、科研、人力、对外投资等诸多业务领域,不同类别的合同可能又会分散在基建、后勤、固定资产、科研、人事、资产公司等部门实行二级归口

管理，很多部门都有一套区别于其他部门的合同管理流程，这就导致各部门在对外签署合同时合同条款差异极大。这种分散管理的模式，不仅加大了合同管理的难度，同时也增加了合同风险出现的概率。而正是由于高校合同类型过于庞杂、合同数量与规模很大、合同二级归口管理部门众多，增加了一级归口管理的难度，很多高校尽管指定了一级归口管理部门，但由于人工手段基本无法实现对每年高校海量合同的日常管理，导致一级归口管理工作形同虚设。

所以引入合同模板信息化管理就显得尤为必要。这样一方面可以大幅度减少各部门合同管理的工作量，简化各部门或学院的合同类型，把人力资源从繁复的合同归纳整理中解放出来；另一方面，标准合同模板可以最大限度地在合同条款层面维护高校自身利益，提升合同条款的审核审批效率，审查人员也可以将精力更多地放在业务合同本身的风险当中。

（二）部门职责存在交叉，导致相同类型业务的合同条款差异极大，不能有效维护高校自身权益

《教育部直属高校经济活动内部控制指南（试行）》（教财审〔2016〕2 号）第 7 号合同管理中第三章第九条规定："合同文本一般由业务承办部门起草、法律部门审核，重大合同或法律关系复杂的特殊合同应当由法律部门参与起草，并实行会审制度。国家或行业有合同标准文本的，应当优先选用，但对涉及权利义务关系的条款应当进行认真审查，并根据实际情况进行适当修改。学校可根据管理需要确定制式合同的范围、内容等，经法律部门审核后使用，如无修改，可不再重复审核。合同文本须报经国家有关主管部门审查或备案的，应当履行相应程序。"

但在实际执行过程中，众多同类业务合同并未形成模板化，部分高校在职能设置上，实际采购权限被分散在各部门、各学院，不同单位签署的采购合同条款差别很大；尽管拥有一级合同归口管理部门，但由于合同物理位置上较分散，一级合同归口管理部门很难对这类合同条款进行有效的审核，部

分单位甚至出现了越过一级公司归口管理部门审核签订合同的情况。这类由于职责交叉不清导致的合同风险,可以通过信息化手段建立模板库的方法予以解决。只要是同类型业务,就必须采用系统中已有的该类型合同模板,后续审核过程由于同类业务条款基本一致,可极大地提升流程审核的效率。

二 合同创建与审签

合同创建与审签管理主要实现合同的起草、审批、修订等功能。各部门经办人在系统中使用合同模板草拟合同文本后履行报批流程,流程审签环节根据各高校职能设置的不同而有所差异,高校也可以按照合同性质、金额大小设计符合自身情况的业务流程。系统中的合同审签流程在设计时会考虑可视化流程,审核跟踪过程及过程中的反馈意见,对各步骤审核环节设置逾期邮件或短信提醒,从而提升整个流程的透明度、时效性。

合同起草与审签设计可以参考附录图 9。

采用信息化手段固化合同创建与审签的过程可以解决如下问题:

(一)甲方合同乙方起草,导致合同条款对甲方不利

高校在很多业务合作中都具有甲方议价优势,但是部分高校相关部门在合作过程中并未充分利用甲方优势,所签订合同采用的是乙方提供的模板,一旦甲方对合同条款审核不严格,事后的合同执行将存在很大的隐患。采取信息化手段固化审签流程,一方面可以避免越级审批后再补审核手续的情况出现,另一方面,在系统设计层面,针对部分重大合同,在合同起草阶段强制发起部门使用模板库内的合同模板,可以减少甲方合同乙方起草的情况出现。

（二）不同类型/部门合同审签过程存在差异，风险管控水平参差不齐导致合同风险暴露

由于高校业务类型、部门数量众多，很多单位在合同标准未统一前，合同签批流程差异也较大。例如，有的业务流程中未固化法务、财务等审核环节，大量问题合同被执行后，单位面临的法律风险、资金支付风险也随之增加，有些事后爆发的问题合同甚至为高校带来了巨大的声誉、资金损失。而推动采用信息化手段固化合同创建与审签流程，就是对高校整体层面合同相关业务的一次梳理与整合，系统上线后，不同类型/部门合同审签过程中存在的不合理差异将被避免（见附录图 10）。

（三）部分签署的合同履行相应的审签手续，未取得法人授权，导致问题合同出现

部分高校由于合同报批程序繁杂，有些业务量大或地理位置较远的二级学院在未取得法人授权的前提下，对外签署合同，此类合同名义上属于无效合同，而一旦发生问题，实际风险还是由高校承担。上线信息化合同系统后，强制要求所有合同必须走线上审批程序，通过在线法人授权后电子签章手段可以规避此类风险。

（四）因对重大合同定义不明确，导致出现一些重大及专业技术要求较高的合同未经适当程序审核

部分高校对重大合同的定义、范围、审核程序并不明确。为加快审签程序，有些单位利用制度及监管的缺陷，将一个重大金额的合同拆分成若干小合同等，以规避高级别审批程序；部分重大合同甚至未经法务、财务部门的严格审核，未考虑单位的实际财务状况，导致合同执行阶段出现支付困难、法律纠纷等问题，为高校带来了巨大的损失。上线信息系统后，可以在系统中按照业务类型明确划分合同类型，固化重大合同的定义，禁止统一事项合同多次拆分,这些举措可以解决重大合同的划分及审批问题。

(五)传统用印手续繁复低效,最后用印阶段的合同版本与报批阶段是否一致难以保证

高校传统的手工合同报批手续与用印手续属于两类程序,各部门在走完合同报批程序后,可能还要履行一次用印报批程序,整个流程十分耗时且低效。而且经办人在履行整个报批程序的过程中,有可能出现多次用印阶段的合同内容与合同报批阶段的内容版本不一致的情况,事后也很难去核查审批意见在用印后是否全部协商修改完毕。上线信息系统后,一方面可以简化合同报批与用印流程,合同在系统中报批完毕后,主管部门可以直接在系统中下载并签章,提升流程效率;另一方面,所有签批意见线上可视化修改并呈现,不会出现各阶段报批签章合同版本不一致的问题。

三 合同履行

合同履行的功能主要包括合同在执行过程中涉及的进度监控、收付款情况、合同变更、合同中止等。

高校合同履行过程中可能会遇到诸如:合同对方当事人不能严格履行合同中约定的义务;合同生效后,合同条款未明确约定的事项没有及时进行协议补充;未能及时发现已经或可能导致高校利益受损情况等。一旦履行过程中出现的问题跟进不及时,就可能导致单位陷入法律纠纷,甚至对单位的利益、声誉等造成实质性损害。那么,引入信息化手段,简化问题发现与跟踪程序,提升相关部门对合同履行过程的监督管理效率,就显得十分必要了。

引入信息化手段后,高校各部门合同管理人员可以省去大量手工统计的工作量,将时间与精力从统计过程本身转移到更有意义的统计结果监控,实时了解海量合同的进展情况、收款与付款进度,也可以在合同执行早期发

现问题所在并及时协调与介入,将合同风险化解在可控阶段。

利用信息系统完成合同履行过程的管控可以解决如下问题:

(一)手工监控合同履行情况效率低下,很多问题往往在执行后期才被发现

《教育部直属高校经济活动内部控制指南(试行)》(教财审〔2016〕2 号)第 7 号合同管理中第四章第十一条规定:"高校应当建立合同履行监督审查制度,对合同履行实施有效监控,敦促对方积极执行合同,确保合同全面有效履行。"

以往由于缺乏统一的信息化手段,合同统计工作基本由各部门手工操作完成,导致统计结果质量参差不齐。由于合同数量众多,很多合同的执行情况难以实时跟进,从而延误了解决问题的最佳时间。采用信息化手段可以极大地节省合同履约过程中的合同信息统计工作量,划归合同管理职责时,归口部门的可接受程度也更强。归口部门工作人员省去了耗费大量时间的统计操作,将时间与精力花费在更有价值的合同执行情况监控中,一旦发现问题,可以及时督促相关部门跟进解决,对于无法第一时间协调解决的重大问题,可直接上报决策层,这样就正向促进了合同执行效率和效果的提升,将合同可能对单位造成的负面影响降低到最小。

(二)合同执行问题暴露过晚,难以还原事件过程并追究责任

手工监控时代,由于缺少详细过程记录,事后很多合同管理问题难以找到对应的直接责任人,部分高校甚至出现过因签订明显存在重大缺陷与漏洞的合同或合同无法按预期执行导致单位的经济利益、声誉受到重大损失的情况。此前也有部分单位的合同存在未充分调研合同对方资质、未充分审核并采纳法律意见、没有明确履约和责任承担部门等问题,问题发生后,由于时间久远、记录不清,合同相关部门各执己见,虽然已经给单位造成了巨额损失,却难以进行定责,责任落地困难也导致类似问题"一直在整改,也一直在重复发生"。

四 合同终结

合同终结功能主要包括合同归档、合同报表、合同查询、合同分析等。合同终结属于合同管理生命周期的最后一环。其中，合同归档提供在线数据基础；合同报表可以根据各单位的不同需求，可视化呈现不同类别、不同部门合同的签订、执行与收付款情况；合同查询对拥有检索需求的用户十分便利，同类型合同、合同版本变更等信息一目了然；对于拥有个性化需求的用户，合同分析功能可以提供便捷直观的分析结果，以供其决策参考。

信息系统合同终结功能的设计主要是为了防范以下问题的发生：

（一）合同编号混乱，难以分类归档保存，事后也不便于合同检索与查阅

《教育部直属高校经济活动内部控制指南（试行）》（教财审〔2016〕2 号）第 7 号合同管理中第五章第十七条规定："高校合同归口管理部门应当加强合同登记管理，充分利用信息化手段，建立合同文本统一分类和连续编号制度，定期对合同进行统计、分类和归档，合同终结应及时办理销号和归档手续。"

在实际执行过程中，高校各部门对合同的编号规则不同，执行程度也不同，所以会出现合同编号混乱的问题，为合同的分类存放、事后查阅带来了相当的困难。一旦出现合同遗失、合同变更等情况，也不能及时发现并跟进。统一编号规则并严格执行是后续合同快速检索并进行数据统计的基础。信息化手段在合同报批录入阶段实施的统一编号规则，可以规避以上这些问题的发生。

（二）合同物理归档占用存储空间，且对存储环境要求较高，不便需要之时检索分析

合同文本物理归档会占用存储空间。部分高校的存储环境不好，导致归

档材料被腐蚀与损毁，甚至出现了由于存储文本过多而导致存储建筑变形的情况，这些堆积如山的存储材料日积月累，难以人工现场查找。采用信息化手段后，所有合同文本归档时均以电子版保存，一方面可以节省存储空间，延长保存时间，另一方面电子版文档检索的便利性也远远超过纸质版文档。

（三）传统手工操作中，人工手段只能开展最简单的合同的事后统计与分析工作

在高校手工归档合同的背景下，数据检索只能通过人工方式进行，受限于个人的经验与视野，事后的统计与分析结论往往具有局限性，个人也很难提供复杂的数据分析结果。信息化系统上线后，大量的数据运算与提取工作就可以借助软硬件解决，数据需求人员只要将精力放在所需数据的提取逻辑上面，从而大幅提升了事后统计与分析效率，使海量合同信息为管理决策提供可行性参考建议成为可能。

第四节　基建管理系统

本书所指的基建为高校自行或者委托其他单位进行的建筑物和构筑物的新建、改建、扩建及相关的装修、拆除、修缮、安装等基本建设，大型修缮及基础设施建设和改造工程。

目前，高校的基本建设工作大致分为基建项目、修缮项目。部分高校的基建与修缮的权责划分并不明确，为高校的日常基建工作埋下了长期隐患。而基建项目又因为涉及高校的重大支出，管理上稍有不慎就可能造成单位的重大损失，所以基建管理自然成为高校防范重大风险的核心战线。从整体上来说，基建工作的复杂性、长期性、专业性、重要性等特征十分显著。目前，我国高校在基建领域的管理水平普遍不高，部分高校由于基建管理工作的疏漏，为单位造成了上千万甚至上亿元的损失。所以如何通过科学管理

手段提升高校的基建管理水平就显得尤为重要。基建管理信息化是可以提升高校基建领域风险防控水平的有效手段之一，通过基建项目管理可视化，可以确保对项目进度、质量、资金的合理管控。

基建子系统功能框架主要包括项目管理与资金管理两大模块。基建子系统的资金管理模块与财务子系统打通，项目所涉及的合同签署与合同子系统打通，涉及的采购业务与采购子系统打通（见图 5-4）。

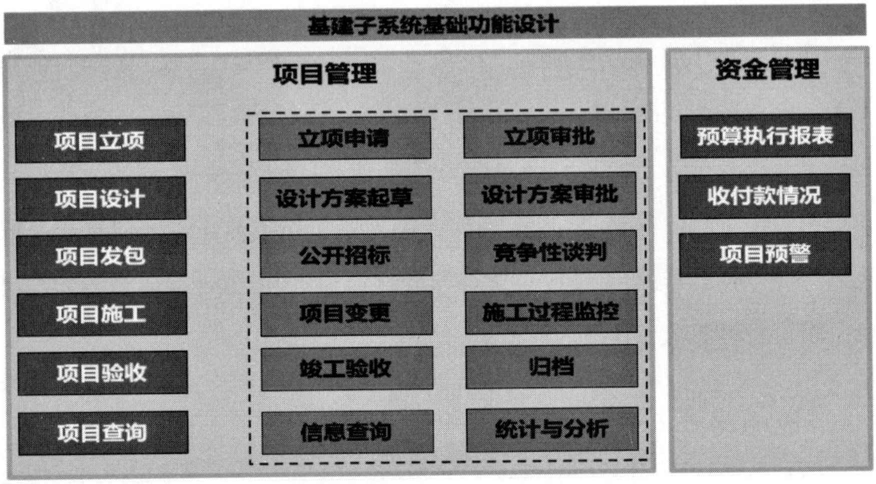

图 5-4　基建子系统功能设计

一　项目立项

项目立项管理主要包含项目立项申请与审批，申请单位可以在系统中填写项目信息，发起立项申请。高校可以根据立项项目类型不同分类拟定立项审批流程（见附录图 11）。

项目立项申请阶段申报的项目需要符合单位中长期建设规划，在预算允许的范围内，经严格审核审批后完成立项工作。立项申请与审批信息化可以协助解决如下问题：

(一)所申报项目与高校中长期规划不符

部分高校对内部建设工作缺少长期发展规划,需求部门所申报的立项项目缺少长远考量。甚至有高校出现过预计投入的工程项目资金与学校预算情况不匹配的情况,导致后期工程项目施工过程中,因资金支付与需求变更问题难以按期完成,反而产生了更大规模的名誉及资金损失。基建管理信息系统上线后,系统中需要提前录入总体建设计划及项目预算,所有申请立项的项目必须在总体建设计划及项目预算范围内方可申请,这样就可以减轻立项项目与中长期规划脱钩的问题。从调研结果来看,目前这项控制措施在部分高校尚流于形式化,但在一些现代化程度较高的企业中,已经开始实施并取得了不错的效果。对于高校来说,通过系统固化手段实现项目总体目标控制、预算控制是一条可行之路。

(二)申请立项项目未经严格论证

目前,在申请立项项目的可行性论证方面,部分高校的论证程序流于形式。后期投建后,项目较大程度超期、超预算情况时有发生,最后都给单位造成了一定的实质性损失。有些项目的论证材料纯粹是为了向上级单位申报而申报,缺乏内部有效的专业人员论证讨论过程。信息化系统建设完成后,项目可行性论证材料的格式、内容、相关标准等都可以固化下来,变向推动单位内部开展可行性论证工作。在线可行性论证的记录,也可以作为项目结项后的事后总结甚至定责所需的证据(见附录图 12)。

二　项目设计

项目设计管理主要包含设计项目起草与设计项目审批,规划设计文件一般由中标后的设计单位编制。信息系统设计时,由归口管理部门经办人在系统中上传规划设计文件,以备高校内部对设计的合理性、准确性进行审核。

通过信息化手段将设计方案的编制与审批过程固化,可以解决如下问题:

设计方案与实际需求不符合,导致基础设施建设后期出现频繁变更方案、项目概预算难以有效指导项目成本花费。设计方案的专业性程度较高,一般由第三方设计机构出具。一般来说,高校设计方案出现问题的原因,一方面是由于高校内部的需求不明确,另一方面是由于高校内部缺少专业技术人才,没有能力对设计方案进行有效审核,这就会导致后期项目实施过程中,设计方案与实际需求之间存在较大差异,从而对项目工期、成本产生较大影响。

设计方案审签过程信息化,可以通过固化审核程序解决职能不清的问题(但这只能解决程序合规的问题并方便事后定责,如果想要更深入地解决设计方案与实际需求不符,避免项目后期出现大规模偏离概预算的情况,还需要引入专业人员参与审核过程并出具有效的审核意见)。

设计方案报批流程在设计之初可以参考附录图13。

三 项目发包

项目发包管理主要包含公开招标、竞争性谈判等。其中,项目发包招标文件审核过程可以在线实现,招标进度、各类招标材料电子版、公告,需由经办人在线更新或选择性发布,其余招标过程均可在线下开展。

整个项目发包过程可以实现信息化的环节包括:招标文件/竞争性谈判文件的在线审批;项目发包进度的可视化;项目文档信息的电子版纳入数据库,方便信息检索与分析。发包过程信息化主要可以解决以下问题:

(一)项目开展进度不透明

部分高校项目发包过程均在线下,整个单位各部门或学院同期开展项目数量较多，单纯依靠人工手段难以对项目进行多线程监控管理。项目信息化后，项目进展均在线可视化呈现，方便跟踪管理。

（二）投标承诺与实际服务内容不匹配

部分项目签订合同或者正式实施后，合同条款内容、项目实施内容可能与前期招投标阶段投标方的实际承诺不符。由于传统发包过程均采用线下方式，线下发包程序完成后，投标材料就会完成归档，项目中后期很少有单位对服务内容与投标方在投标文件中的承诺进行对比。而信息化后，由于基建管理子系统与合同管理子系统在财务大数据平台实现了互联互通，事后需求部门在阶段性验收阶段，很容易对投标材料、合同文本与实际项目服务提供情况开展比对，以作为项目验收及收付款的依据。

公开招标流程、竞争性谈判流程参考附录图 14。

四　项目施工

项目施工管理主要包含项目变更、施工过程监控等。信息系统中，根据前期项目施工计划预设里程碑节点，高校项目管理人员在里程碑节点前后，对项目进展情况进行验收并在线更新监控进度，如若发现异常问题，需要及时协调解决；工程例会是沟通解决工程项目问题的日常会议，每次会后的会议纪要及问题均需要上传信息系统；同时，所有项目的变更申请审批须在线进行，履行严格的报批手续。

工程变更及项目实施过程中的监控信息化可以协助高校解决如下问题（见附录图 15）：

（一）因项目出现问题不能及时解决，导致项目进度、质量出现问题，甚至造成高校经济损失

我国部分高校在工程项目领域专业经验不足，项目管理人员在开展项

目施工管控过程中，缺少精细的管控计划，在项目中后期介入验收后，发现损失已经造成并无法挽回。工程项目实施过程信息化后，可以强制单位根据施工计划设置更加细化的里程碑节点，每一个里程碑节点都需要高校相关管理人员组织参与验收工作并在线留存验收记录，这样就可以及早发现项目施工过程中存在的问题，留给各方充足的协调解决时间；即便事后出现问题及损失，也便于定责追责。

(二)项目变更具有随意性，导致项目实施结果不能达到预期效果

近年来，高校在建工程项目众多，但部分高校在建工程项目在施工过程中出现了大面积变更，有些变更甚至未能进行严格论证就予以通过，造成项目实施进度大面积拖后、项目预算严重超支，部分单位因陷入财务困境不得已只能将在建项目暂时停工。项目变更属于对项目进度、预算的过程控制手段，很多高校大幅度地偏离概预算的问题也大多体现在这个阶段，所以必须要对其加以重视并严格控制。项目变更程序信息化后，所有变更申请通过线上渠道进行，高校在系统设计之初就要明确重大变更与一般变更的定义并将其固化为系统流程，避免线下利用制度缺陷打擦边球，同时线上系统可以强制要求申请人员对某类变更申请开展系统论证并由专业人员审核。线上变更增加了变更手续成本，加强了变更过程信息的透明化，可以降低项目变更发生的频率，增强高校对项目整体的控制程度。

系统设计工程变更程序时可参考附录图 16。

五　项目验收

项目验收管理主要包含项目验收、项目归档等，它是基建管理的最后一环。项目验收操作通过线下完成。验收完成后，项目验收报告等材料可上传至信息系统，并在系统更新最新的进度信息。

六　项目查询

项目查询板块提供以项目为核心的数据综合查询和统计功能。对于一个基建项目，从最初的建议书，到可研究性报告、立项建设，再到最后的验收，各个环节的文档资料及数据信息，以及批复的公文，都可以通过此处进行查询和统计。

七　预算执行报表

预算执行报表功能主要指项目总体及分项概预算的实际执行情况，通过信息系统可视化体现，可以供财务稽核人员、项目管理人员实时查看，以便实现项目预算控制目标。预算执行报表功能与财务大数据平台的财务管理子系统联通，基建管理子系统做预算整体数据可视化呈现，财务管理子系统提供预算信息的调用接口。

在基建子系统功能板块实现预算报表信息化主要可以解决传统项目预算精细化控制手段不足，项目实施过程中经常性出现的造价变更等问题。

部分高校在开展工程项目建设时，往往只以总预算作为控制目标。但总预算作为控制指标具有滞后性，项目中后期发现项目预算严重超标后，除了继续增加预算外，没有其他更好的办法，而且项目管理人员并不能及时掌握项目预算实时情况，所以以总预算数为控制目标的控制手段经常失效。

信息化系统上线后，项目一线管理人员作为项目监管的第一负责人，可以及时掌握预算的实际执行情况，同时系统强制前期录入项目分项预算执行计划，一旦分项预算执行产生，异常项目负责人可以第一时间做出响应，这样就可以让预算控制真正发挥效用。如果分项预算需要调整，也要在系统中履行严格的分项预算调整申请，这样可以减少不合理的造价变更情况，通过有效控制分项预算，实现总预算管理目标。

八 收付款情况

收付款管理功能主要通过信息化手段,将跟踪期内所有项目的收付款进度可视化。它可供财务人员、项目管理人员了解项目收付款的一手信息。收付款功能与财务大数据平台的财务管理子系统联通,基建管理子系统做各项目收付款情况的可视化呈现,财务管理子系统提供收付款信息的调用接口。

收付款情况的信息化主要解决如下问题:

每年高校各单位基建或修缮项目数量众多,纯靠人力难以全面掌握单位整体与单项项目的收付款情况,不利于单位资金的统筹管理。部分高校由于收付款操作前的验证程序不明确,甚至出现过未验收通过就提前付款或收款变成长期应收无人催缴的情况。

信息系统中的收付款功能上线后,高校所有项目的收付款进度一目了然,财务及项目负责人可以提前做项目资金安排或者及时清缴各类到期款项,提升资金使用效率。

九 项目预警

项目预警功能包括项目进度里程碑预警、项目变更情况统计预警、项目概预算超标情况预警、资金支付情况预警等,更多个性化的预警需求可以在需求阶段进行合理设计。预警功能可以极大地方便项目管理人员开展多线程项目管理。

信息化项目预警功能主要解决如下问题:

传统项目管理人员专业性不足,对项目开展情况缺少计划及全局观念。项目预警功能可以将项目管理人员从繁烦的项目信息收集与统计工作中解脱出来。项目管理人员收到预警信息后,可以更多地关注项目的实际开展情况、项目问题解决方案的推进。特别是对于多线程管理的项目管理人员，可以极大地提升管理效率。对于频发的预警信息，排除信息本身的合理特质后，通过进一步分析总结，可以为改善高校管理水平提供良好的建议。

第五节　其他管理系统

财务大数据平台的子系统集成不仅限于合同管理子系统、资产管理子系统、基建管理子系统，高校还可以根据自身的中长期建设规划、财务状况、实际需求，在系统平台上扩充新增其他子系统模块，例如采购子系统、科研子系统、人力资源子系统、教学管理子系统等。以上所列举的系统对高校提升整体管理水平同样重要，系统设计的部分环节也都与核心的财务子系统关联。

一　采购子系统

采购是指高校利用纳入预算管理的资金购买货物、服务及支付采购款项等相关活动。采购业务流程主要涉及编制需求计划和采购计划、请购、选择供应商、确定采购价格、合同签订、验收、退货、付款、会计控制等环节。其中，采购涉及的对象包括仪器设备、办公用品、工程物资、固定资产、外购服务等。

教育部对高校采购管理工作提出了明确的要求，如《教育部直属高校经济活动内部控制指南（试行）》（教财厅〔2016〕2 号）第 8 号采购管理中第二章第六条规定："高校应当确保采购计划制定与预算审批、招标文件准备与复核、合同签订与验收、预算审批与付款、验收与保管、采购执行与采购监督等不相容岗位相互分离。"

采购贯穿所有业务模块，既是高校的"实物流"的重要组成部分，又与

“资金流”密切关联。采购物资的质量和价格,对供应商的管控,采购合同的订立,物资的运输、验收等,在很大程度上支撑着高校运营与可持续发展。采购过程虽然看似简单,但其中蕴含的风险却是巨大的。

高校每年采购数量及金额都十分庞大,传统人力手段已经不能满足单位采购管理工作的需要。利用信息化手段,可以大幅提升采购管理工作的效率,同时降低采购管理的相关风险。下面分析信息化手段如何在采购过程的各个阶段帮助实现管理效率提升及风险管控。

(一)采购计划阶段

采购计划包括需求计划和采购计划。需求部门一般根据运营需要,向采购归口管理部门提出物资需求计划;采购归口管理部门根据需求计划,比对现有物资的实际库存后,统筹安排采购计划,并按规定的权限和程序审批后执行。该阶段如果需求或采购计划不合理,或者最终采购归口管理部门未按实际需求进行采购,那么对高校来说,采购计划控制就会形同虚设。

了解高校的采购方式后可以发现,部分高校的采购计划实际上并未发挥效果,很多采买就是简单的按需采购,需求部门报什么,只要审批通过就进行采买操作,采购计划的控制已经失效,最后导致每年支出不断增长,造成大量的资源浪费。导致采购计划不能发挥应有控制效果的原因还有一个,那就是每年高校采购数量过大、采购单位分布分散、采购物资类型过多,以传统人力手段难以对复杂的采购情况进行手工分类统计,采购归口管理部门每年都将更多精力花费在采买操作上,没有剩余精力归集整理数据,优化采购计划。

利用信息化手段,采购计划阶段出现的问题可以得到极大缓解。例如,繁琐的数据归类统计工作由信息系统完成,采购归口管理部门只要思考数据查询与分析的逻辑、采购物资的特点,就可以便捷地从系统获取需要分析的数据信息,从而为采购计划的编制提供决策依据;在根据各部门提报的采购需求制订采购计划时,将采购系统与资产管理系统库存物资进行钩稽比对，一旦发现闲置物资就直接转向资产调拨程序，从而使采购计划真正发挥应有效果。

（二）采购申请阶段

采购申请指高校采购归口管理部门根据采购计划和实际需要，提出采购申请。采购申请环节可能面临的风险是采购行为未经适当审批或出现越权审批，从而导致不合理的物资采购情况出现。

采购申请纳入信息化管理后，强制要求所有采购申请必须线上发起，从而规避了不履行采购程序或越权审批的情况出现。

（三）选择供应商阶段

供应商选择是高校采购业务流程中的重要环节。一旦供应商选择不当，可能导致采购物资质次价高，甚至出现舞弊行为。

一般来说，解决供应商问题的办法：一是建立供应商评估和准入机制，对供应商的能力、资质、信誉等进行背景调查后，合格的，纳入本单位的合格供应商名录清单；二是建立供应商管理信息系统和供应商淘汰制度，对供应商提供物资、服务的质量、价格、交货及时性、供货条件及其资信、经营状况等进行实时管理和考核评价，根据考核评价结果，提出供应商淘汰和更换名单，经批准后在系统中进行更新。

为解决采购管理中面临的供应商风险，通过在采购管理系统中设置供应商填写环节，强制采购人员只能选择已经纳入单位供应商管理系统中的合作单位，从而规避采购环节供应商资质不足带来的风险。

（四）确定价格阶段

确定价格阶段的风险是采购物资没有经过科学的比价，或由于采购人员缺乏对采购物资的长期价格跟踪，导致采购价格不合理，给高校带来损失。一般来说，单位会采取协议采购、招标采购、询比价采购、动态竞价采购等多种方式确定采购价格，对于一定金额以上的采购，多使用公开招标、竞争性谈判方式确定采购价格。

采购管理信息化后，可以通过建立采购价格数据库的方式，长期跟踪并在系统更新市场价格走势，将系统参考价格与录入系统的公开招标、竞争性谈判等方式确定的采购价格进行比对，从而确定合理的采购价格。

（五）合同签订阶段

大数据平台的信息化建设对合同签订阶段的效率提升及风险防控可以参考“合同管理系统”章节的描述。

（六）验收阶段

验收是指高校对采购物资和劳务进行检验接收，确保物资与服务质量符合合同承诺。一般情况下，验收环节的主要风险是验收标准不明确，或者未严格履行验收程序，导致账实不符甚至造成单位采购损失。参与验收的人员需要对合同、发票、采购申请等进行核对，确保物资的数量、质量、型号一致才能完成接收工作。一旦接收完成，验收人员需要对验收结果负责。

采购管理信息化后，验收环节被固化在系统中，验收人员必须按固定程序实施验收操作，上传备案原始验收材料，从而降低了验收风险。

（七）付款阶段

付款是指高校财务在对采购预算、合同、相关单据凭证、审批程序等审核无误后，按照采购合同规定及时向供应商办理支付款项的过程。付款审核不严格、付款方式不恰当、付款金额控制不严，均可能导致单位利益受损。大数据平台的信息化对采购付款阶段的效率提升及风险防控可以参考“财务管理系统”章节的描述。

二　科研子系统

科研项目是指高校承担的各级政府项目，以及承接的企事业单位技术开发、技术咨询和服务等科学研究和技术服务项目。科研项目涉及申请、立项、执行、验收、课题结账、成果保护等环节。每年高校科研项目的数量都有很多，所以一般高校都会引入科研项目管理系统对项目进行全程跟踪管理。但目前，部分高校的科研项目管理系统有信息孤岛，在财务、合同、资产等各类系统中尚未实现平台化的互联互通，系统功能也有很大的优化空间。

其实，科研管理涉及的业务范围十分广泛，现有高校的项目管理系统涉及收支的，应与财务管理子系统对接，纳入财务管理预算及收支的范围；涉及采购的，应与单位资产管理子系统对接，实现资产设备的统一规范管理；涉及横向纵向协议签订的，应与合同管理子系统对接，实现高校合同管理的全覆盖。

除以上涉及的科研项目系统应互联互通，消除信息孤岛外，目前高校还应借助信息系统数据建立科研项目的绩效考评体系。《教育部直属高校经济活动内部控制指南（试行）》（教财审〔2016〕2 号）第 10 号科研项目管理中第三章第十三条规定："高校应建立健全科研绩效评价制度。要建立以创新质量和贡献为导向的科研项目考核、评价和奖励制度，并通过合理运用绩效评价结果，激发科研人员的热情，提高科研经费使用效益。"

在高校的实际操作过程中，部分单位关于科研绩效奖惩机制的细节规定并不明确，针对横向科研绩效的评价工作并未积极开展，这就有可能导致项目负责人对横向科研项目管理工作并不重视，在科研合同签订规范性、科研预算编制准确性、科研经费调整规范性、科研经费回款及时性等方面都有较大的改善空间。

而在科研系统中新增或优化科研项目的绩效评估体系，一方面可以提升录入系统科研项目信息的准确性，另一方面，以信息系统统计数据为基础开展的绩效激励机制,可以充分激发科研人员的工作热情,鼓励科研人员积极拓展横向项目。

三 人力资源子系统

人力资源对高校的长期发展有着至关重要的作用。如果高校想要实现长期稳定的发展,在完成组织架构、战略规划设计后,就需要关注单位的人力资源制度和机制建设情况。一方面,高校发展战略决定了人力资源政策,另一方面,良好的人力资源政策又对高校发展战略的实现起到了支撑作用。

高校的人员规模数量十分庞大,想要管理好这么多人,高校的信息管理系统至关重要。本次阐述的高校财务大数据平台中的众多子系统,不仅需要打通财务管理的接口,还有一个重要的阶段性目标是打通人员信息及账号体系的接口。我们通过对一些高校的现场调研发现,很多系统的人员信息、账号体系都是孤立的,一旦高校发生人员调动,原有的人员信息、信息系统账号不能同步更新,对高校开展日常业务管理带来了潜在的风险。

表 5-1 以教职工为主键的数据表结构

类别	内容
教工基本信息	职工号、姓名、出生年月、性别、工作年月、报到年月、民族、政治面貌、婚姻状态、单位、职称、学位、学历、从事专业
附加信息	工作经历、学习经历、家庭情况、配偶情况、奖励情况、处罚情况
合同信息	档案合同、岗位合同、引进合同、临时合同
考核信息	年度考核、岗位考核
教学信息	教学情况、导师信息、教学论文等
科研成果	科研项目、科研成果、科研论文、专利
培训培养	奖教金、攻读硕博、在职培训、继续教育
薪酬信息	基本工资、岗位津贴、五险一金等
人员变动	校内调动、干部任免、聘用信息、人员离校

例如，部分单位的人力与财务系统没有对接，工资和奖金由人事部门报送电子表格给财务部门实现工资下发，但因为电子表格存在篡改或填写错误的风险，如果事后人事部门没有严格执行稽核监察环节，那么工资发放的可靠性就会存疑。通过人力与财务系统的对接，这个风险就可以被规避。人力系统拥有的单位人员信息是唯一的，财务部门只需要根据人力系统中的人员发放清单发放工资就可以，对于工资发放得是否准确，稽核会计会审核发放数额与系统人员发放清单。而如果是被篡改的电子表格，由于稽核会计并不掌握单位最准确的人员信息，这个风险就有可能不被及时发现。

所以，在高校财务大数据平台建设中融入人力资源子系统是十分必要的，它可以协助打通高校人员信息及账号体系的壁垒。

第六章 高校大数据平台财务数据链

大数据时代，高校通过建立大数据平台，将财务数据的产生、处理、关联、使用、存档、删除等整个历程都收入系统闭环之内。由此这也给新时代的财务工作带来了本质性的变化和影响，高校财务工作已经有一只脚迈进了大数据的大门，未来整个行业面貌将发生彻底的改变。

本章首先分析了不同类型的财务数据来源，然后从数据链的几大重点流程出发，对数据传递、数据存储、数据挖掘和数据安全进行解读，最后用高校实际案例引证说明。

第一节 高校财务数据的来源

技术的进步使原来不可能发生的事情都变得可能。所有财务工作数据化，纸质材料退出历史舞台成为必然。大数据时代，一个基本的特征就是多系统联动、数据共享。因此财务工作的数据和软件系统将不再是一个独立的系统。各个经济主体和管理部门之间的财务数据实现联网化，财务数据的生成和来源将多样化，存在很多与其他系统交互操作的情况。

一 财务系统内部数据

财务系统的内部数据分为两种：一种是原始存在的系统数据，比如科目

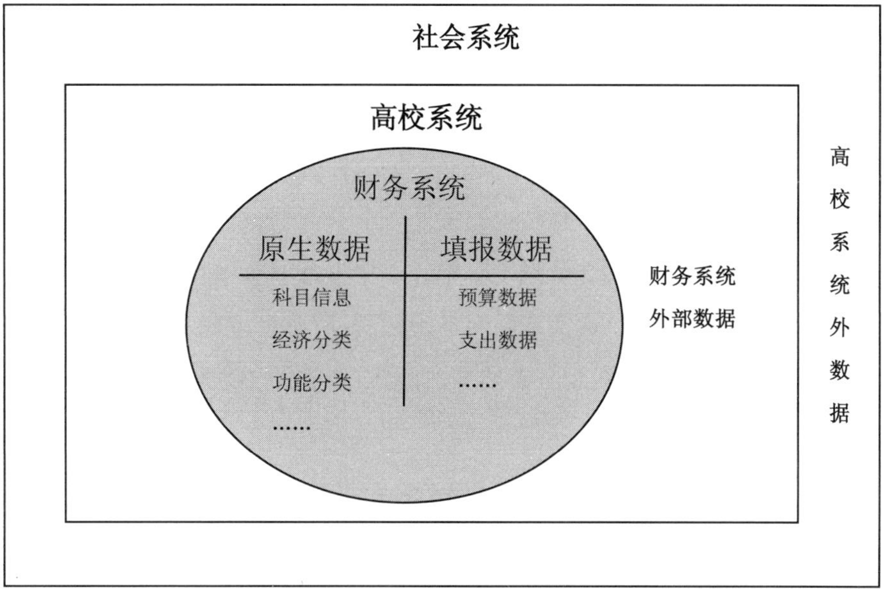

图 6-1　高校财务数据来源

数据、经济分类数据、功能分类数据。这类数据通常是财务大数据系统中最基本，也是最重要的配置类信息，一般不需要与其他系统互访问，变化频率很低，属于长期频繁使用的数据。一种是系统中需要填报录入的数据。在大数据时代，需要填报的数据应当是越来越少的。越来越多的信息可以通过不同系统之间的数据自动调取来实现。

目前，财务系统的预算、收入、支出等多个环节均需填报数据来完成。未来，当一切数据实现互联互通，财务系统将形成一个可以自动读取、录入的可持续生态闭环，唯一需要进行操作的可能就是确认、审核与通过等节点的选择。

二　财务系统外部数据

财务系统的外部数据分为两种：一种是由高校内其他关联系统的接口

调取而来的。例如人员数据，来源于人力资源（人事）部门的员工基础信息系统；项目数据，由基建、资产管理或招标采购、科研等其他业务部门生成，经业务部门录入后，由财务部门进行审核，或独立核算，或进行统一项目管理。一种是由高校外部其他系统得来的，包括政府部门、其他经济主体的数据，以及金融和支付平台的数据。

目前，来源于外部的一些纸质原始凭证如需进入系统，需由报销人员手动录入关键信息；后续全面实现联网电子化后，所有经济往来信息均会通过对方政务系统、销售系统、税务系统等，直接传递至高校财务系统之内。

第二节　高校财务数据的传递

高校财务数据分为内部数据和外部数据。在技术上，如何才能让各种不同的财务数据之间进行畅通无阻的传递呢？经过多年的信息技术发展，已有一些成熟的技术帮助完成相关的需求。本节所介绍的数据传递技术是互联网时代已经普遍采用的技术，在未来的财务数据系统中将会得到较广泛的应用。

数据的有效传递是大数据的基础。财务数据的联通分为财务软件内的财务数据联通、单位内部的数据联通、全社会不同主体的财务数据联通等多个层次。联通得越广泛，数据所产生的力量就越强大。

一　开放 API

API（Application Programming Interface）即应用程序编程接口，是软件系统不同组成部分衔接的约定。通俗地来讲，底层系统向上层系统提供的软件调用接口就是 API。API 分为系统级 API、第三方 API、单机内部调用的确定编程语言的 API 以及 Web API。如果按照作用来划分，有功能 API

和数据 API。

API 保证了不同软件开发商开发的软件可以直接相互调用和进行数据传递。例如，应用软件会调用操作系统的 API 来完成文件、网络、界面显示等操作系统的基础功能。同样在互联网时代，互联网中相对基础的服务也会向其他服务提供 API。

由于 API 通常是底层的软件提供，上层的软件调用，因此不提供 API 接口就意味着不能进行二次开发。在软件开发过程中的 API 化，是和其他第三方系统进行数据互通的基础。例如，高校系统中的人事管理系统、科研项目管理系统等底层系统需要提供 API，这样财务系统才可以直接从人事管理系统和科研管理系统中获取相关数据。当人事、科研项目等底层系统有数据更新时，财务系统无需做任何操作，数据自动从底层系统中调用获取，这样既保证了数据的统一性，又避免了重复录入。

在高校这种比较大的机构中，其管理软件通常是在不同时期采购、由不同厂家提供的。这种异构的系统，要想保证数据的统一性或者互访问，就必须要求底层系统的 API 化，并且各个系统要能够相互调用，否则就会出现同样是人员数据，在人事系统中有一份，在财务系统中有一份，在教务系统中可能还有一份。要想保证数据的一致性和唯一操作接口就比较困难了。

大数据平台各子系统间主要以 Web API 的形式向对方系统开放。一般来说，Web API 基于 HTTP 或者 HTTPS 协议的，由数据需求方向数据提供方的服务器发送请求，服务器返回数据。所返回的数据通常是 XML 格式的(Extensible Markup Language，简称 XML)或者 JSON(JavaScript Object Notation，JS 对象简谱)格式的。

对于未开放 API 的系统，一种妥协的技术是网络爬虫。网络爬虫通过请求页面，并分析页面的源代码来提取信息。通常来说，页面是 HTML 格式的(超文本标记语言，HyperText Markup Language，缩写 HTML)，面向浏览器，其中含有非常多的显示所需的格式和效果，非纯数据。

爬虫技术较开放 API 技术更为复杂，需要针对每个不同的系统进行较多的开发，且可靠性和稳定性均不如API。而数据平台的API化，是目前非常流行的开发技术，绝大多数现代Web程序，在开发时，就已经分为前端和后端。开发人员的技术体系也划分为Web前端开发工程师和Web后端开发工程师。其中，Web前端只负责页面呈现，Web后端负责数据管理；前端呈现给用户操作界面，处理用户操作，并调用后端API获取或者提交数据。

二 开放身份认证技术

系统之间通过API调用来传递数据，就必须涉及权限控制。与自然人用户登录不同，这里涉及软件系统与系统之间的相互授权。目前，成熟的第三方授权方案是开放授权（OAuth）。OAuth是一个开放标准，允许用户让第三方应用访问该用户在某一系统上存储的非开放信息而无需将用户名和密码提供给第三方应用。当下大型的互联网系统，几乎都支持OAuth。举一个典型的OAuth认证例子，我们使用微信账号就可以登录京东、网易等系统，这些应用尽管属于不同的公司、不同的开发人员，但是只要都遵循同样的协议，就可以实现第三方用户的登录。

对应到高校大数据平台，采用OAuth协议允许第三方授权，对自然人授权，同时又对第三方软件系统授权。例如，人事管理系统中的用户，在财务系统中无需再次注册，即可实现统一身份认证和单点登录，也可实现系统之间互相操作的授权。

在高校大数据平台中，可以分步骤、分子系统逐步搭建此功能。子系统可以涉及不同的厂家，但只需要做到以下两点，就可以把全部内部信息进行有效的统一管理：第一，必须要求开发方提供API接口；第二，系统必须接入统一的OAuth认证登录平台，避免一个系统一套用户体系，否则不能实现单点登录，不能使用用户权限的统一管理配置。

三　XML

数据能够在不同系统间无障碍地传递的另外一个先决条件是需要统一数据格式：可扩展标记语言（Extensible Markup Language，简称：XML）。它是一种标记语言。

标记指计算机所能理解的信息符号，通过此种标记，计算机之间可以处理包含各种信息的文本等。那么，如何定义这些标记？既可以选择国际通用的标记语言，比如 HTML，也可以使用像 XML 这样的由相关人士自由决定的标记语言，这就是语言的可扩展性。目前人们主要用到的标记有可扩展标记语言、可扩展样式语言 XSL、XBRL 和 XPath 等。

经过多年的发展，XML 已经成为数据交换最常用的语言，它有几个特性：

第一，格式明确，无歧义，是一种计算机可处理的确定性格式。

第二，人机均可理解。XML 虽然是面向程序的，但由于是纯文本而非二进制信息，人阅读起来并不困难，因此将逐步变得流行。

第三，适合于表示有结构有层次关系的信息。XML 是包装在标签中的信息，XML 的基本语法是标签嵌套，它可以用于表示任何结构化的信息。

以下是一个 XML 示例：

```
<note>
  <to>Tove</to>
  <from>Jani</from>
  <heading>Reminder</heading>
  <body>Don't forget to pay off the C/C this weekend! </body>
</note>
```

在 XML 中，所有<>符号都是标签。上面的 XML 示例中，<note>是

note这个标签的开始,</note>是 note 这个标签的结束,标签开始和标签结束中间的部分就是标签内容。可以看到,note 标签的内容中又嵌入了其他标签,比如 to,from 等。标签可以多层嵌套,每个标签都有开始标志、结束标志。XML 格式的数据可以非常方便地导入导出到数据中。事实上,XML 语言也是很多程序库进行数据中转和离线缓存的格式。

第四,目前主流的编程语言均有处理 XML 文件的程序库,可以非常便捷地处理 XML 文件。不同的程序、由不同开发者开发的程序,只要均使用 XML 语言进行数据的交换,就可以保证相互之间可理解。并且,由于每一种常用的开发语言和编程环境都已经有了众多处理 XML 文件数据的程序库,可供直接调用,因此每种开发环境对 XML 的解析和封装都非常便捷。

例如,以下的常用编程语言都有成熟的 XML 数据处理库:

```
php:     XML Expat Parser、SimpleXML、XMLReader、DOMDocument
java:     DOM、SAX 等
JavaScript:xml - js、jQuery.parseXML()、xml2json.js、DOMParser
.net:     System.Xml
Pyhton:   ElementTree
C + + :    xmlite、pugxml、libxml、TinyXML、rapidxml 等
```

事实上,XML 格式非常流行。我们所熟悉的 office 系列的文件,如 docx、xlsx、pptx 等,其内部也是 XML 文件。

四 XBRL

XBRL 是可扩展商业报告语言(eXtensible Business Reporting Language),它是一种用于商业和财务信息定义与交换的基于 XML 的标记语言。上面所列举的所有处理 XML 的编程语言都可以用于处理 XBRL,因此 XBRL 的推广使用并不存在技术障碍。

XBRL 的第一个版本于 2003 年由 XBRL 的标准组织——"XBRL 国际"（XBRL International，官方网站：https://www.xbrl.org/）发布。经过多年发展，XBRL 现已经成为财务领域最广泛使用的一种数据交换格式。2010 年，国家标准化管理委员会发布的《可扩展商业报告语言（XBRL）技术规范》（GB/T 25500—2010）将国际标准 XBRL 采纳为国家标准。

中国证券监督管理委员会要求上市公司以 XBRL 格式上报证券投资基金信息披露，并制定了《基金年度报告和半年度报告 XBRL 模板》等一系列证券投资基金信息披露 XBRL 模板。中国证监会基金信息披露网站http://fund.csrc.gov.cn 中公布了所有基金的净值日报 XBRL 实例文档。国资委下属企业的财务监管也使用 XBRL 格式，并发布了国资委财务监管报表 XBRL 扩展分类标准。

XBRL 的应用十分广泛，在未来财务大数据发展中，XBRL 将发挥更为重要的作用，成为打破各个经济主体信息鸿沟的有力工具和最主要的信息载体。

五　电子发票

电子发票已经逐步得到应用推广，但是目前的电子发票和大数据时代最终形态的电子发票仍然存有差距。

第一，当前在实践中仍然将电子发票打印成纸质存档，以此作为电子发票的主要使用方式。大数据时代，电子发票以及任何财务原始凭证都可以电子形式归档保存。长期来看，在交易和支付全面电子化、网络化以后，在基于数据链的监管之上，甚至连发票都将消亡，因为发票上携带的所有数据信息都可于系统中按规流动传递并使用。

财务部、国家档案局于 2015 年 12 月发布的 79 号令《会计档案管理办法》，其中第八条、第九条明确规定：符合规范要求的电子凭证可以直接以电子形式归档保存，并确定自 2016 年 1 月 1 日起实施生效。因此，只保存电子归档而不打印纸质存档是有法规基础的。

第二，电子发票在数据格式上需要有国家标准。由中国标准化研究院、航天信息股份有限公司、用友网络科技股份有限公司、北京京东世纪贸易有限公司等单位参与起草的《电子发票基础信息规范（GB/T36609－2018）》于2018年9月公布，并于2019年1月1日开始实施。

虽然，该国家标准规定了电子发票的基础信息规范，即电子发票中应当包括哪些信息，以及信息的数据类型，但是，对于电子发票在销售方、购买方、税务系统和监管机构之间如何进行数据传递并没有明确规定。

而由中国标准化研究院、阿里巴巴（中国）网络技术有限公司等起草，于2011年6月1日开始实施的《基于XML的电子商务发票报文（GB/T26151－2010）》，则是电子发票数据传输格式标准化的一个早期探索。


```
〈cbc:ID〉A000956××〈/cbc:ID〉
〈cbc:CopyIndicator〉false〈/cbc:CopyIndicator〉
〈cbc:UUID〉849FBBCE-E081-40B4-906C-94C5FF9D1AC3〈/cbc:UUID〉
〈cbc:IssueDate〉2009-06-21〈/cbc:IssueDate〉
〈cbc:InvoiceTypeCode〉销售发票〈/cbc:InvoiceTypeCode〉
〈cbc:Note〉简单〈/cbc:Note〉
〈cbc:TaxPointDate〉2009-06-21〈/cbc:TaxPointDate〉
〈cac:OrderReference〉
  〈cbc:ID〉AEG01×××5〈/cbc:ID〉
  〈cbc:SalesOrderID〉CON0095678〈/cbc:SalesOrderID〉
  〈cbc:UUID〉6E09886B-DC6E-439F-82D1-7CCAC7F4E3B1〈/cbc:UUID〉
  〈cbc:IssueDate〉2009-06-20〈/cbc:IssueDate〉
〈/cac:OrderReference〉
〈cac:AccountingSupplierParty〉
  〈cbc:CustomerAssignedAccountID〉955990000000000××××〈/cbc:CustomerAssignedAccountID〉
  〈cac:Party〉
    〈cac:PartyName〉
      〈cbc:Name〉北京××公司〈/cbc:Name〉
    〈/cac:PartyName〉
    〈cac:PostalAddress〉
      〈cbc:StreetName〉××路〈/cbc:StreetName〉
      〈cbc:BuildingName〉××大厦〈/cbc:BuildingName〉
      〈cbc:BuildingNumber〉56A〈/cbc:BuildingNumber〉
      〈cbc:CityName〉北京〈/cbc:CityName〉
```


图6-2 《基于XML的电子商务发票报文(GB/T26151－2010)》国家标准中，以XML文本格式记录的电子发票的片段

图 6-2 是一张以 XML 格式记录的发票片段，从中我们可以读取出：

发票类型：销售发票

发票号：A000956XX

发票日期：2009 年 6 月 21 日

订单参考号：AEG01XXX5

实际交割日期：2009 年 6 月 20 日

卖方公司：北京 XX 公司

卖方地址：北京市 XX 路 XX 大厦 56 号 A 座

同样，2015 年 7 月，国家税务总局发布了《增值税发票系统升级版与电子发票系统数据接口规范》，也是以 XML 格式作为数据交换格式的。

但仅仅在电子商务领域或者税控软件内部使用标准化格式是远远不够的，还应该制定全国统一的电子发票数据交换格式标准，使电子发票可以在不同经济主体的财务软件中顺畅地传递。

六　电子签章和数字证书

在数据的传递中，一个绕不过去的问题是，数据如何不被伪造，如何证明数据没有被伪造。这里需要使用到的就是电子证书、电子签章和数字认证技术。

数字签章和认证必须要具备以下特性：

(一)不可抵赖(不可否认性)

一条数据(可能代表了一次交易，或者是一张票据)一旦产生，即使产生这个数据的用户本人也不可否认。

（二）不可篡改（完整性）

一条数据一旦产生，不可以被用户本人或者他人进行修改。

（三）机密性

属于某个用户的数据，在没有经过用户同意的情况下，其他任何用户是不可查看或者修改的。

而现在的电子身份认证、电子签章和数据证书完全具备上述特性，同时还更便捷，因此必然会代替传统的物理和纸质的身份认证、签章和鉴别技术。数字签名技术就是一种密码学技术。当前的身份认证、电子签章和数据证书技术，是基于现代密码学的。而现代密码学的对抗伪造、对抗破解、对抗篡改等原理是有数学基础的，已经从理论上得到证明。

现在通行的公私钥密码体系的代表算法是 1977 年发明的 RSA 算法，是取算法的三个发明人罗纳德・李维斯特(Ronald Linn Rivest)、阿迪・萨莫尔(Adi Shamir)、伦纳德・阿德曼(Leonard Max Adleman)姓名中各一个字母命名的。这三个人还因此获得了 2002 年度的计算机学科最高奖——图灵奖。

电子化的身份认证、签章和鉴别技术不仅是可行的，较传统方式还更可靠。伪造数字签名比伪造手写签名和物理签章都要困难得多。传统签章技术其实易于伪造，签名和公章的伪造均不难，普通人即可实施。而鉴伪技术却非常复杂，如笔迹鉴定、假章鉴定等，均需要专业技术人才进行鉴定。现实情况是，手写和签章签名经常被伪造而难于发现，而数字签名从诞生之日起没有被成功伪造过，因为数字签名的可靠性是基于数学基础原理的，理论上证明无法伪造。

2000 年，中华人民共和国新《合同法》首次确认了电子合同、电子签名的法律效力。从 2005 年 4 月 1 日起，中华人民共和国首部《电子签名法》正式实施。

数字签名和数据证书距离大规模实际应用已经不存在技术障碍，同时也有法律的支撑，这必将促进财务工作发生深刻的变革。数字签名和电子发票的推广使用，本质上是思维观念和操作模式的问题，是用户接受的问题。电子发票和数字签名的优势非常明显，其先进性、可靠性、便捷性、高效性不言而喻。随着认知的逐步普及和使用习惯的改变，电子发票必将完全替代纸质发票。从整个社会的接受学习和改变习惯的时间维度看，5－10 年的时间足够带来新气象。

七　区块链

区块链是一种分布式记账系统。这里的记账并不专门指财务上的记账，而是指任何形式的信息记录。区块链是一种保证交易良好的关于财务数据信息的记录、交换、传递方式。它有两个核心特质：一是去中心化；二是区块链中保存的数据，理论上无法被篡改，一旦产生即无法消除。

为什么保存在区块链中的信息，理论上不可篡改和不可删除？区块链中数据的不可篡改和不可删除性是有数学基础的。任何一条数据记录，在本身存在密码学验证的前提下，同时又分散保存在整个网络中随机选取的 n 个节点。当这存放在 n 个不同节点的数据，出现一个不一致的情况，就会根据其他 n－1 个节点进行自动纠错恢复。所以，局部的篡改是无效的。要想彻底篡改，必须在同一时间篡改一个分布式系统中分散在众多主机中的同一个数据，这在理论和实际上都是不可能做到的。一条数据一旦被录入区块链，将永远存在于网络中，除非整个互联网被消灭。因此，区块链特别适合于证据性信息的保存。但是，一切事物都有两面性，现有集中存储方式的最大问题是，无法证明其不能被黑客攻击，同时不能抵御内部人员对数据的窃取、篡改和删除。对伪造只能进行事后追查，而不能杜绝。

未来的财务大数据系统极有可能绕不开区块链。但是，我们也认为，财务数据系统不必一定要采用区块链，没有区块链，财务数据系统依旧可以正常高速稳定运转;如果脱离了传统而成熟的IT技术,仅仅使用区块链,是无法形成一个完整的财务大数据系统的。相比之下,采用前面所说的关系型数据库、开放API、开放认证和数字证书,一样可以搭建起全社会共享的财务大数据系统、完全无纸化的系统,且其架构更稳定、灵活。那么,区块链在未来的财务大数据系统中有什么应用呢?使用区块链来保存财务工作中巨量的原始凭证信息,无疑是可行的方案之一。

第三节　高校财务数据的存储

在未来财务大数据时代,随着财务工作全面电子化、网络化的推进,数据量将快速增长,最终形成海量的财务数据,对系统的设计和实现提出挑战。在前文提到的各类财务数据中,有的量大,有的量小,不同的数据有不同的产生、存取、处理、删除的生命周期。

一　财务数据的访问性质和层次化存储系统

(一)不同财务数据的访问特性

对于不同类型的财务数据和处在不同时点的财务数据,应该采取不同的存储方式。例如,人员属于不会频繁变动但是会长期频繁使用的数据;凭证类数据属于单纯增加型数据,通常是只增加、不减少,其中的记账数据、项目数据、原始凭证数据等具有日志属性,其特点是产生后不可或者几乎不可修改,在其所属的财务周期结束后,被使用的可能性大大降低,并且随着时间的推移,数据被访问的频率越来越低,在一定的时间周期以后,几乎不再被访问,而仅仅具有档案价值。以项目数据为例,在项目周期内频繁使用,一般的项目周期为5年以内,大部分为1—2年。在项目周期结束后,项目数据再次被使用的频率很低。已经验收结项且通过审计的项目数据，以后再次使用的可能性不大。

（二）财务数据的存储策略

一般大型IT系统中，均会采用层次化存储策略，目的在于控制生产系统规模，节省成本。存储系统通常有以下规律：访问速度越快的系统，容量越低，单位容量的单价越高；访问速度越慢的系统，容量越高，单位容量的单价越低。

排名第一的，速度最快、容量最低的是计算机CPU内部的存储和内存——通常运用计算机运行过程中的临时数据存储，而非持久化存储，数据掉电即丢失。排名第二的，速度次之、容量较大的是服务器内部的硬盘。排名第三的是网络热存储系统，通常是NAS等结构的网盘、单位局域网私有云盘等。排名第四的是转储系统，通常由单位容量成本较低的低速大容量硬盘整列构成。转储系统用于保存数据量比较大而访问频率较低的数据。排名第五的是冷存储系统，数据写入以后即离线或关闭电源的存储系统，当偶尔需要使用一两次时，再启动载入。冷存储系统也包括光盘、磁带库等离线存储系统，通常用于保存几乎不会再使用，但是又不能删除的历史档案信息。将数据压缩以后保存在离线冷存储系统，可以最大限度地降低能耗、材料和管理成本。但是其访问速度是最慢的，需要手工重启。

数据压缩，可以节省存储空间，但是压缩和解压缩需要时间，这是以时间换取空间的方法。经常需要访问的在线热数据不应当压缩存储；长期不使用或者使用频率极低的数据可以选择压缩存储。

关于数据存储，从存储介质上讲，有光盘、磁盘（机械硬盘）、闪存盘（固态硬盘）、纸质数据等。目前几乎都是采用硬盘作为数据的存储介质；从数据组织方式上讲，一般常见的存储方式包括数据库存储和文件存储。

在高校大数据平台中，应当在云存储系统之上建立数据库和文件方式的内容存储系统。云存储系统底层基于RAID磁盘阵列。RAID是一种数据热备份机制,它可以保证少量硬盘物理损坏的情况下数据不丢失,访问不中断。大规模云存储系统还会建立异地容灾备份,可抵抗自然灾害。云存储系统在底层保证了数据可靠性的基础上,向用户提供基于网络的便捷的数据存储和访问。此外还有消除重复冗余数据,具有灵活的用户机制和权限控制,可自动进行基于数据访问特性的层次化存储。

高校财务数据系统中,对于经常使用的结构化条目性数据,如人员数据、当期的记账数据、科目数据、未报废的固定资产数据、经济主体数据等,应当保存在数据库中。对于不常使用的往期记账数据、已报废固定资产数据、已结项项目数据等,应该单独设立历史数据库或者数据库中的历史表来保存,以便底层存储系统进行层次化存储。

但是,以上原则并不固定,可以根据数据的真实访问情况来决定哪些应该放置在高性能存储系统,哪些放在转储系统中。并不是所有的信息都适合记录在数据库中。一般数据库中适合记录条目性的(包含整数、浮点数、短字符串等内容)信息,且相互之间具有一定的关联性。数据库中并不适合记录大的二进制文件,如图片、音频、视频、多媒体文档、软件镜像等文件。如果需要保存一些扫描件等大文件,就应采用云存储文件系统。

二 财务数据生命周期

数据生命周期是数据从产生到处理、关联、使用、存档、删除的完整历程。每一条数据都有其生命周期,从数据产生到数据的删除,都会经历一个完整的过程。因为数据的存储是有成本的,包括介质成本、能耗成本、场地空间成本、管理成本等,所以数据也是流转的,有生有灭,周而复始。

不同的数据从产生到删除,其历程各不相同,但是都会走过每一个周期。人们不可能无条件地保留所有数据,因此,有的数据在产生以后,因为没有后续的使用价值,也不具备档案价值,就被删除了;而有些数据,因为富含经济意义,可能会被长期保存。

举个例子，摄像头的录像数据。通常情况下，我们会采取一种循环覆盖的方式为每个摄像头配置一个专属的硬盘，或者在云端分配定额的存储空间。由于空间总额有限，因此采用最新数据覆盖最久远历史数据的策略。由此可知，根据空间的大小不一，可以保存从几天到几个月的录像，久远的录像数据则因覆盖被永远删除了。但是，在某些特殊情况下，比如发生了案件，需要作为证据或者有特定分析作用的数据，则会将这一片段数据从循环覆盖的存储系统中拷贝到永久性的存储空间中保存。

具体到财务系统中，各种数据的生命周期是不一样的：

用户信息、科目配置信息等，写入和修改较少，读取较多，且在任何时候，都是频繁访问的数据，所以这类财务数据的生命周期一般较长，而且它们在整个财务系统中所占的容量是极小的。原始凭证、记账凭证信息等，数量大，有效活动的生命周期与财务周期相辅相成，产生处理使用之后，一定期限内有存档意义，过期后则丧失经济档案价值。从 2016 年 1 月 1 日起施行的新《会计档案管理办法》，要求原始凭证、记账凭证的保存期限为 30 年。在实际应用中，大多数凭证信息在未满 30 年的时候就几乎不会被访问了。另外，这个时间，技术足以发生变革和迭代。

财务数据的生命周期相对较长，在整个生命周期之中，大部分时间应该属于“冷数据”，因此数据量并不是财务数据系统的主要瓶颈，关键是与其他系统的数据实现高效互联和互通。

第四节　高校财务数据的挖掘

大数据时代，技术护航之下，在不久的将来，一定会形成一个全社会全网联通的交易信息数据平台，全局打破信息孤岛。而对高校而言，建立全校大数据平台即是紧跟时代的解决方案，从管理和组织实施的根本出发，顺应大数据发展助力高校财务，从财务信息化向更智能的数字财务转变，构建起

“交易＋场景＋数据算法”的数据大脑，使财务部门真正成为高校经营管理的作战指挥部。

一 数据准备阶段

高校财务数据依托大数据平台，在现有会计电算化的基础上，将经过以下步骤完成对可分析挖掘的数据准备（假设已全面实现基于数字证书的电子签章系统，实现了原始凭证的无纸化）：

第一步，实现内部系统的统一授权认证。

第二步，实现高校内部系统的 API 接口化，并实现系统与系统之间的互操作。

第三步，交易平台（电商平台、支付平台）开放 API，采购方或销售方可以获取与高校相关的含有电子签章的支付订单信息数据和发票信息数据。

第四步，通过内部系统与外部系统（采购、支付平台等）的联动，在财务系统获取由报销人、记账人提交，经由电子化授权签章系统审核后入账而生成的业务类财务数据集。

第五步，财务系统通过 XBRL 格式，向管理人员、上级监管机构和税务部门自动生成要求上报的财务报表（这一步需要上级监管机构、税务部门开放报表接收 API，目前国资委和证监会已经在试行）。

以上步骤的实施能够提升数据准备工作的效率，同时提高筛选数据的品质，保证获取数据的可用性。

二 数据挖掘阶段

适用于财务数据的挖掘技术主要有：

(一)分类

根据已经存在的财务数据特征/标签，对其进行分类整理，把具有共同特征的数据放在一起。这一步骤可以将海量的财务数据快速统计分类，得出其主要的性质和趋势。这是应用最为广泛的数据挖掘方法之一。

(二)聚类

它和分类方法一样，都是对财务数据进行分类整理。不同点在于，事先没有共性特征，通过某种成因分析找出事物之间存在的聚类特征。一般情况下，将聚类作为数据挖掘的第一步，对其进行初步的粗略聚类。

(三)关联性分析

主要用于发现数据之间潜在的联系，这是财务数据挖掘的核心技术之一。它有助于识别与正确处理数据不同层次之间或多维或单维的对应关系。

(四)差异分析

主要用于比较分析。比如，通过对比预算支出和实际支出之间的差异，进一步分析形成差异的原因以及差异幅度，并反馈给相关财务和管理人员。一般情况下，通过差异分析获取财务相关预警点，以帮助进行下一步的风险识别和决策制定。

财务数据相关的挖掘分析技术不局限于以上这些，除了提及的统计分析、机器学习等方法外，还有很多基于这些方法的数据模型，如模式识别、用户画像、专家系统等技术。有了财务数据的挖掘分析，可以实现财务系统的智能审计、风险防控、数据可视化等延展功能。

三 结果反馈阶段

经过对财务数据的客观挖掘和分析,得出数据最终的表达结果,并反馈至数据信息需求方。这将为高校财务分析和决策提供有价值的依据。如果数据结果无法满足高校要求,可以重新进行数据挖掘,直至得到令人满意的反馈结果。

第五节 高校财务数据的安全

高校财务系统数据安全是指保护数据不会被意外地或故意地泄露给未经授权的人员,以及免遭未经授权的修改或破坏。数据安全是一个涉及计算机技术、网络技术、通信技术、加密技术、应用数学、信息论等多项技术的学科。它是重要信息系统安全保障的核心问题之一。数据安全功能通过操作系统、安全访问控制措施、数据库/数据通信产品、备份/恢复程序、应用程序以及外部控制程序来实现。

互联网的出现极大地改变了高校财务系统的运作模式。越来越多的高校按照新体系的要求,把原先分散的财务数据合并收拢,集中起来放在一个巨大无比的财务数据中心里以节省成本。在新体系下,高校财务人员、合作伙伴及客户只要用简单的 Web 方式就可以方便地使用这个数据中心,从而使整个高校财务系统成为一个信息通畅、变化灵活的数字神经网。以前按不同业务划分的信息孤岛也被全面整合在新建立的高校大数据平台之中,其中的财务模块收集从各个环节中不断产生的会计业务数据,并且源源不断地分流至高校数据中心的其他需求点。在这个更充分和完整的财务数据仓库里,高校相关部门和人员可以进行更多的财务数据挖掘和决策信息的智能分析,从而对高校的资金流变化更敏捷、更有效地作出相应决策。高校财务数据的集中，有利于降低成本，但遭遇危险的破坏性也在同步提高。保障财务数据的安全越来越受到各高校财务部门的重视。

一　影响高校财务系统数据安全的因素

目前，随着大中型关系数据库的广泛使用，在高校财务系统中，数据库的开发模式逐渐以C/S、B/S架构和多层的应用系统为主流。这些财务系统的共同特征是：用户在终端机上直接或通过中间层的应用服务器来访问数据，而数据则集中存放在数据库中。利用这些财务系统固有的弱点和脆弱性，信息系统中具有重要价值的信息可以被不留痕迹地窃取，非法访问可以造成系统内财务信息受到侵害、存储媒质失控、数据可访问性降低等。因此，保护数据成为一项复杂且成本高昂的任务。影响数据安全的因素主要有以下几点：

（一）物理和环境的威胁

这主要包括支持财务数据库系统的硬件环境发生故障，从而导致高校财务数据库信息丢失或不可用。自然灾害引起的系统破坏，主要是硬件环境的破坏。

（二）网络上的威胁

目前，通过网络对计算机系统进行攻击的方法层出不穷，这使得网络环境下的数据库及其所处的软件环境没有安全保障。同时，网络技术的发展与普及带来了计算机病毒和木马的入侵，从而使得计算机病毒对系统的威胁日益严重。与此同时，一些黑客也会利用财务系统漏洞，破坏计算机的稳定性。

（三）非法访问的威胁

这包括非法用户通过各种手段获取授权用户的口令等信息，假冒该用户身份获得对数据库的访问许可，从而对数据库进行任何该授权用户权限范围内的操作，比如，对本来无权访问的数据进行任意的读取、修改甚至删除等操作。

（四）对数据库的错误使用

这主要是指授权用户的失误，错误地增加、删除或修改财务数据库中的数据，需要保密的敏感数据在输入数据库时已经泄露等等。

（五）数据库管理员的责任

管理员由于自身能力不足或责任心不强，不能很好地利用财务数据库的安全保护机制建立合理的安全策略，造成数据库安全管理的混乱，不能按时维护和审核数据库系统，从而不能及时发现系统受到的危害。

（六）数据库系统自身的安全缺陷

目前，我们所使用的数据库绝大部分都是国外研制的。由于外国政府的种种限制，出口的数据库都只是符合《可信计算机系统评估准则》和《可信数据库管理系统解释》中的类安全标准，其基本特征就是自主访问控制。自主访问控制允许用户将自己拥有的访问权限自主地转让给本来没有该访问权限的人，而系统无法对此进行控制。另外，现有的数据库一般采用简单的基于用户口令的身份认证方式，而且用户信息通常情况下都是以明文形式在网络中传输的，由此可见其安全脆弱性。

（七）财务系统自身的缺陷

由于高校财务系统设计和开发的缺陷，系统中往往还存在一些问题。

用户权限界面划分不清，财务用户的口令设置简单，保密性差，密码大都明文存储在数据库中，容易被网外用户入侵；软件的安全性和保密性差；软件中各核算模块链接、模块间的数据无法传递。问题的原因，除了技术支持风险外，更主要是因为财务系统软件过分重视报账功能，而忽略了系统的日常维护与完善，并且在系统运行中，缺乏有效的系统管理功能。

二　确保高校财务系统数据安全的对策

为保证高校财务系统中数据的安全，我们需要通过插入控制系统运行机制来预防事故性灾害，遏制故意破坏行为，尽快检测到发生的数据安全问题，加强财务系统数据灾难恢复能力。

（一）完善财务网络的内部控制制度

为了更加有效地减少或避免由于高校财务部门内部人员道德风险、系统资源风险、计算机病毒等所造成的财务数据安全危害，除了要在财务系统设计等技术方面考虑数据安全外，还需要高校财务部门制定完善的财务系统管理规章制度和严格、科学的财务系统软件操作规程，只有这样才能够在多个层面上保证高校财务数据信息的真实性、准确性和可靠性。

（二）容灾与数据备份技术

1.容灾系统

业务处理连续能力最强的是容灾系统。网络连接保证了两个物理地点的网络通讯完全冗余，并且在容灾系统中，处于激活状态的系统通常由一个双机热备份系统构成。由于财务数据同时保存在两个物理距离相对较远的系统中，因此当一个系统因为意外灾难而停止工作，另外一个系统就会将工作接管过来。实现财务数据的远程复制主要有两种方式：基于主机和基于存储系统。目前使用最广泛的是基于存储系统的数据远程复制方式。

2.备份系统

无论高校财务数据破坏出于何种原因、达到了何种严重程度，只要掌握了灾难发生前的数据备份，就可以保证高校财务数据的安全。这就意味着，在高校进行财务管理网络建设的同时，数据安全问题就应该被提到议事日程上来，特别是作为数据安全基础的数据备份及灾难恢复方案，应与网络建设同期实施。

实施数据备份应做到以下三点：(1)高校财务系统管理人员要制定针对财务数据库、前置机服务平台、应用服务平台的详尽的数据备份策略。备份策略中应包含文件系统备份、数据库系统在线和离线数据备份、日志备份。(2)应根据财务系统数据的重要程度和应用系统的工作负荷灵活制定数据备份的方式和执行频率。(3)高校财务系统管理员应定期检查数据备份策略执行日志，检查备份执行情况。所有备份的财务数据的介质集中保存在异地，由专人保管。每次备份介质的交接要填写交接记录表。

(三)权限控制

财务系统的权限控制是针对财务网络非法操作所提出的一种安全保护措施。用户和用户组被赋予一定的权限。网络控制用户和用户组可以访问哪些目录、子目录、文件和其他资源；指定用户对这些文件、目录、设备能够执行哪些操作。根据访问权限，用户可以被分为特殊用户(即系统管理员)和一般用户。财务系统管理员根据他们的实际需要，为他们分配操作权限。网络应允许控制用户对目录、文件、设备的访问。用户在目录一级指定的权限对所有文件和子目录有效，用户还可进一步指定对目录下的子目录和文件的权限。对于目录和文件的访问权限，一般有八种：系统管理员权限、读权限、写权限、创建权限、删除权限、修改权限、文件查找权限、存取控制权限。

(四)数据加密技术

加密是实现高校财务数据存储和传输保密性的一种重要手段,而数据加密标准则是一种被广泛接受的加密算法,其目的是使入侵者无法找到真正的数据。加密能够实现三个目的:验证身份(确定合法发送方和接收方的身份);控制(防止更改交易或信息);保护隐私(防止监听)。

数字签名技术就是一种常见的数据加密。它是一种解决网络通信中发生否认、伪造、冒充、篡改等问题的安全技术。该技术在具体工作时,首先,发送方对信息施以数学变换,所得的信息与原始信息唯一对应;接收方进行逆变换,得到原始信息。只要数学变换方法优良,变换后的信息在传输中就具有很强的安全性,很难被破译、篡改。这个过程称为加密,对应的反变换过程称为解密。

数据加密的方法有对称密钥加密和非对称密钥加密。

1. 对称密钥加密

对称密钥加密指双方具有共享的密钥,只有在双方都知道密钥的情况下才能使用。对称加密通常应用于孤立的环境之中,比如在使用自动取款机(ATM)时,用户需要输入用户识别号码(PIN),银行确认这个号码后,双方在获得密码的基础上进行交易。对称密钥加密的优点是加密解密速度快,算法易实现,安全性好;缺点是密钥长度短,密码空间小。但当用户数目过多,超过了可以管理的范围时,这种机制并不可靠。

2. 非对称密钥加密

非对称密钥加密也称为公开密钥加密。密钥是由公开密钥和私有密钥组成的密钥对,用私有密钥进行加密,用公开密钥进行解密。但是由于公开密钥无法推算出私有密钥,因此公开密钥并不会损害私有密钥的安全。公开密钥无须保密,可以公开传播;而私有密钥必须保密,丢失时需要报告鉴定中心及数据库。

第六节　实例分析

一　场景重构

如果本章设想的成为现实，那么我们将看到以下场景，典型的财务过程将产生深刻的变化：从政府层面革新，组织实行全国性的交易和财务数据统一平台，可以从各大银行、电商、支付、采购系统中全面收集、汇总信息，并进行记录和处理。

如此一来，每次交易一旦发生，各交易涉及方将实时同步共享交易数据。付款、报销、开票等环节全部数字化、无纸化。现有的报销过程将变得不再必要，像发票等资金交割凭证，其原本意义是在交易双方和税务征收与监管方之间进行交易凭证信息的共享和一致性保证的机制，而全国性的交易和财务数据统一平台天然地就具有这样的性质。

如此一来，做假账将变得不具有可行性，曾经发生的那些高校财务人员有意或者无意的税务违规和违法行为都不具备产生的条件。这从另外一个层面来讲也是一种保护。基于大数据关联分析，在所有账户间数据的汇总分析，所有虚假交易、虚开发票、走账、关联交易等不规范行为，均可实时发现并被处置。

如此一来，“核算会计”的岗位将会完全被“云会计”替代。“云会计”是根据本单位的所有交易和票据数据，在会计原则和预制规则的基础上，自动完成会计记账行为的计算机软件平台。只有财务分析、风险管控、预算制定、决算管理等规则制定性质的工作还需要人工，而且这几项需要人工的工作，大部分也是基于系统模块所汇总的基础数据和对数据的初步分析结果进行的，其工作成果也将体现在数据平台之中。可见，日后对会计工作的技能要求将产生深刻的变化，数据分析和处理能力将是基本能力。

如此一来，税务征收和监管将发生巨变，税控系统不再有虚假交易。当税务系统全面接入统一的交易数据中心以后，税收征管和税务稽查等工作将全部变为基于电子化交易基础交易数据的“计算”过程，“报税”等环节将不再有存在的必要性；当进行多单位财务数据综合关联对比分析时，税务监管就没有漏洞，痕迹均在统一打通平台之内。

如此一来，审计与监管部门的工作将变得更智能化和自动化，无需到达现场即可完成相关工作，“查账”工作将大大简化。审计的进行将不再是“抽查”性质，而是可以做到对全部交易的合规性的实时预警。审计的本质是在数据记录的基础上进行数据分析。如合规性分析，是否专款专用，是否符合预算，是否符合报销流程；真实性分析，原始凭证的真实性，票据的真实性，业务的真实性，是否虚开。此外还有预算结算审计、税务审计、成本控制审计等，都将变得更即时、更可控。

二　实例描述

现在我们来描述一下，大数据时代高校经济活动中的一次科研项目设备采购，看看整个财务系统及相关系统是如何协调工作的。

某高校的科研人员，在“政府采购平台”中下单购买某设备。由于“政府采购平台”与高校的人事和财务平台采用了“开放身份认证”体系，“政府采购平台”已知该科研人员属于某高校，并通过高校的“科研项目管理开放平台”的 API 获得了该科研人员当前的科研项目列表，科研人员在下单时，就可直接在系统中选择采购经费来源。订单信息中即有体现、采购人、采购人所属单位、经费来源等信息。然后，高校的财务系统通过“政府采购平台”的开放 API 获取了属于本单位的采购订单信息，信息中已经包括采购人、经费来源、价格、销售商相关信息。与财务系统中的项目预算信息匹配后，确认本项目有设备费预算，下单采购人为项目负责人，且采购设备未超过预算。之后，财务部门使用本单位数字证书直接调用银行系统的开放接口发起向设备商的转账支付，同时财务系统自动在采购系统中确认了订单，订单一经下单采购的科研人员所在单位的财务系统确认，商家即可安排发货。

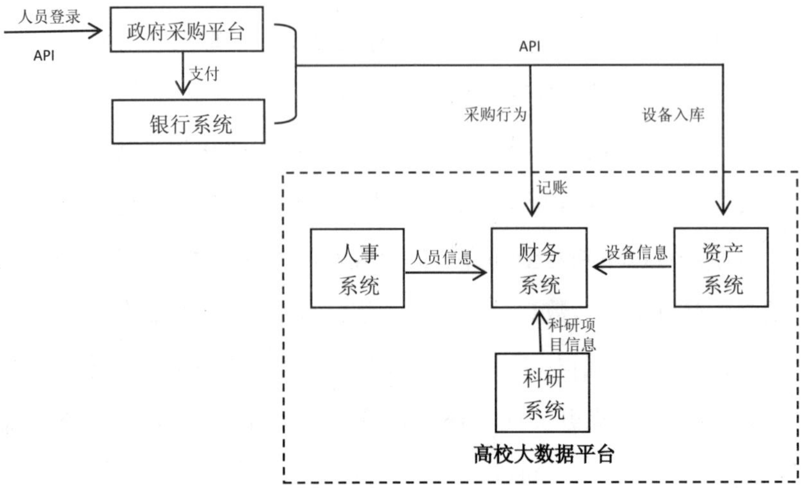

图 6-3　实例描述：科研项目设备采购

科研人员在收货以后，在“政府采购平台”中确认收货；财务系统再次通过“政府采购平台”获得该订单的已收货状态，下载电子发票，然后通过银行系统的 API 获得对应的转账支付银行电子回单，即可自动完成记账，将相关电子发票和回单作为记账原始凭证，同时调用高校“资产管理系统”的 API 将该资产入库。

以后每个财务周期，财务系统都会从高校的“资产管理系统”中获取未报废资产列表，该设备即在固定资产列表中。财务系统自动完成当期设备折旧记账。

上述整个过程中，科研人员在项目立项之初，在单位的“科研项目管理系统”中录入了科研项目的基本信息（包括预算），科研管理人员核对。之后科研人员在采购设备时，在采购系统中进行了一次下单，财务系统在其支付时，通过使用数字证书进行了一次手工确认。除此以外，预算合规性检查、报销、记账、支付、资产入库和折旧全部自动完成。这一过程一共涉及三个人手工操作，累计花费的时间可能不超过10分钟。

再次强调上述过程能够顺畅运行，前提一是系统之间可以互操作，这是各系统均采用开放API来保证的；前提二是必须采用开放身份认证技术，并且采用同一个基础认证授权系统，进行完整的系统与系统之间、系统与人员之间的身份认证，这样做保证了数据的私密性和统一性，同一个自然人在不同的系统中有统一的身份；前提三是必须有完整的、所有系统均接受的、统一的操作授权数字证书，在每个步骤使用数字证书签名信息，各个系统均遵守同一套数字签名协议。

第七章 高校大数据平台应用：风险防控

大数据环境下，互通互联的海量数据赋能高校财务基于大数据平台，依托云计算、人工智能、区块链等新技术，发挥自身领域数字化的核心技能，使高校管理向着“全貌”和“高效”进阶。十九大报告中明确指出，我国经济已经由高速增长阶段转向了高质量发展阶段，从“质量变革、动力变革、效率变革”出发带动经济发展。无论质量、效率还是动力，科技创新都是主要支撑，是由大变强的关键。作为财务人员，实现高质量发展也是未来努力的方向，即学会利用“大数据＋”新武器，打造大数据信息化平台，通过对结构化和非结构化数据、财务和非财务数据的挖掘分析，提升数据洞察力，与业务发展融合重构竞争力，动态分析绩效和风险，从财务核算向数据服务和管理咨询转型，成为高校的体检医师；以问题为导向，定期检测高校是否在目标路线上持续前进，及时筹谋预警，做到智能内部控制，为高校注入智慧和活力。这将是可以预见的正在来临的高校财务管理新时代，为价值创造代言！

本章将高校风险防控作为靶心，以大数据平台作为弓弩，进行系统应用验证，由此去发现和厘清数据间的结构及关系，这是设计一个平台系统成败的核心。高校大数据平台是一个管理系统：通过聚合、分析、预测全校数据，制定适合高校自身发展的个性化标准，利用标准将经济活动维持在可控范围之内，实现风险控制。

第一节　高校风险防控

高校作为不同于普通事业单位的全额拨款、教育型事业单位，其经济活动参与市场的程度相对企业来说比较低，所以风险控制的意识和能力较弱，但也正是因为高校的特殊性以及高校与政府财政关联密切，加速了高校管理中对风险防控的迫切需求。

早在 2012 年财政部就制定并颁布了《行政事业单位内部控制规范(试行)》。后来，2016 年 4 月，教育部办公厅印发了《教育部直属高校经济活动内部控制指南(试行)》(教财厅〔2016〕2 号)，其中第 12 号经济活动信息化管理中，详细要求高校经济活动信息化应根据事业发展需要，全面评估经济活动各环节的信息化程度，统筹规划，有序开发，将经济活动及其内部控制流程全面嵌入信息系统，制定符合内部控制要求的标准化规范，促进业务协同，确保内部控制环节健全，内部控制流程通畅。紧接着，2016 年 6 月，财政部印发了《关于开展行政事业单位内部控制基础性评价工作的通知》(财会〔2016〕11 号)，决定以量化评价为导向，开展单位内部控制基础性评价工作，通过“以评促建”的方式，推动各单位于 2016 年底前如期完成内部控制建立与实施工作，评估指标中，内部控制管理信息系统功能覆盖情况指标分值高达 10 分，占总分值的 10%。

至此，各大高校纷纷开始积极响应，正视并重视内部控制与风险防范的工作，将科学合理地开展单位经济活动、实现资源优化配置作为重点工作，建立风险定期评估机制，对经济活动潜藏的风险进行系统全面的评估与分析。这是一项涉及全业务范围、全类型人员的管理工作，从教学、科研到行政管理、后勤服务，从学生、教师到校长等管理决策者，都在风险防控系统中。

十九大以来的新形势下，随着产学研一体化创新机制的发展，高校和社会交互日益频繁，无论是基础教学与科研、改善办学建设，还是资产采购与服务、资金调度使用，都不断地与经济市场进行融合扩大。高校与企业、市场之间的通道已然建立起来，如何让高校得到更高质量的发展，成为关注度极高的社会议题。高速发展意味着面临更高的风险，高校生产的产品是人才、智库，属于知识高度密集型，在其运营管理过程中的风险防控点极具特殊性，评估与控制的边界很难把握，因此高校风险防控必须依托针对性强的特定内部控制体系来保障，把提高社会效益、注重人才价值放在首位。

一　内部控制与风险防控

大数据时代下，我们对高校的内部控制和风险防控应该有新的思考和认识。随着风险观念的不断加强，内部控制和风险防控正在不断融合，因为有风险所以要进行内部控制，内部控制的理论基础即为风险评估和控制方法。两者面对同一个目标。风险导向已成为内部控制的发展方向①，处理好风险与创新发展之间的关系，成为实现高校既定目标的新命题。

风险防控的构成要素主要包括内部环境、目标设定、事件识别、风险评估、风险应对、控制活动、信息与沟通、监控等八大要素，这其中的内部环境、控制活动、风险评估、信息沟通和监督即是内部控制管理的五大要素（见图7—1）。可见，内部控制与风险防控是对各要素之间内容的继续深入和充实，两者相互促进，紧密相连。

根据高校设定的控制目标，应当全面持久地收集相关信息，及时进行风险评估并采取相应措施。风险评估的内容分为宏观层面和微观层面：宏观层面即为将风险评估作为完善内部控制与管理制度的依据，关注整体内控机制建设情况和财务信息报告情况；微观层面即为对高校业务活动的具体

① 风险导向的内部控制，指以风险识别和评估为基础，管理风险，继而分析、设计和实施内部控制的过程，旨在降低风险以实现单位的既定目标。

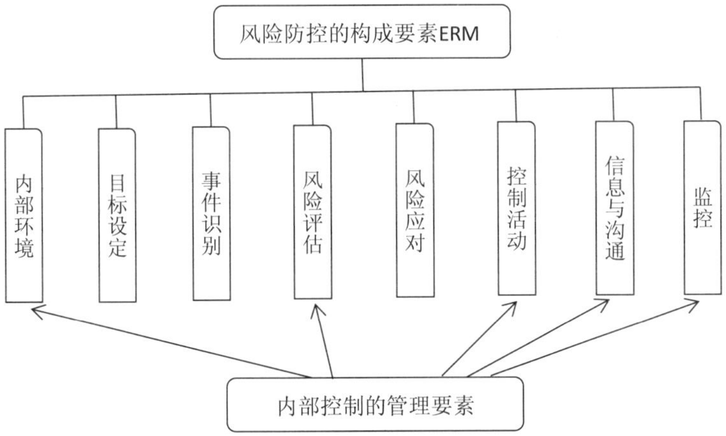

图 7-1　风险防控与内部控制的关联要素

评估，包括预算、收支、采购、资产、基建和合同等方面。可见，内部控制是风险防控的重要手段，而风险防控反过来又会加强内部控制的落地实施与完善。良好的内部控制与风险防控体制，能够实现公共服务质量和效率的双提升，为管理决策保驾护航。

二　财务数据与风险防控

在信息化技术发展还未成熟时，高校无法做到各部门的即时互通，风险防控能够从事前环节便开始介入的难度较大，更多的工作重心都放在事中和事后的危机处理和惩戒。除非有大量历史经验积累的情况，才可进行判断和预测，否则极易出现漏审漏判现象。如今技术迭代瞬息万变，高校大数据平台应运而生，财务数据的概念边界随之延伸，高校管理规模也随之增长。面对高校各项拨款经费的急速扩张，对经济活动的全程实时监控变得十分必要。利用财务数据分析来加强财务内部控制和风险监控，既是顺应大数据时代发展的需求，也是高校管理水平进步的重要体现。

大数据带来信息与沟通发生变革，由此也带来其他各要素的裂变，使得整个管理过程的风险升级。我们应该在大数据平台搭建的各子模块中嵌入风险防控节点,利用高质量会计信息进行调节,通过数据挖掘、指标设计,将原来内隐化的风险科学直观地外显出来,发挥智能数据的评估、监督作用,让业务活动在财务数据的控制范围之内,为高校稳定发展提供基础保障。

高校大数据平台将全时域财务数据纳入系统控制,具备智能监测预测功能,能够对财务数据进行聚类统计分析运算,支持诸如均值比较、线性模型、描述性统计、时间序列分析、回归分析等算法,在关键节点计算得出潜在风险值,实现异常识别和智能评估,并进行异常标记、预警设置,做到及时响应并通知相关财务人员进行人工核对,同时回传给执行者、决策者,实现相互牵制,提升风险防御能力。承载大数据技术的财务数据,与风险防控充分融合,是高校财务管理方式的巨大创新和变革。

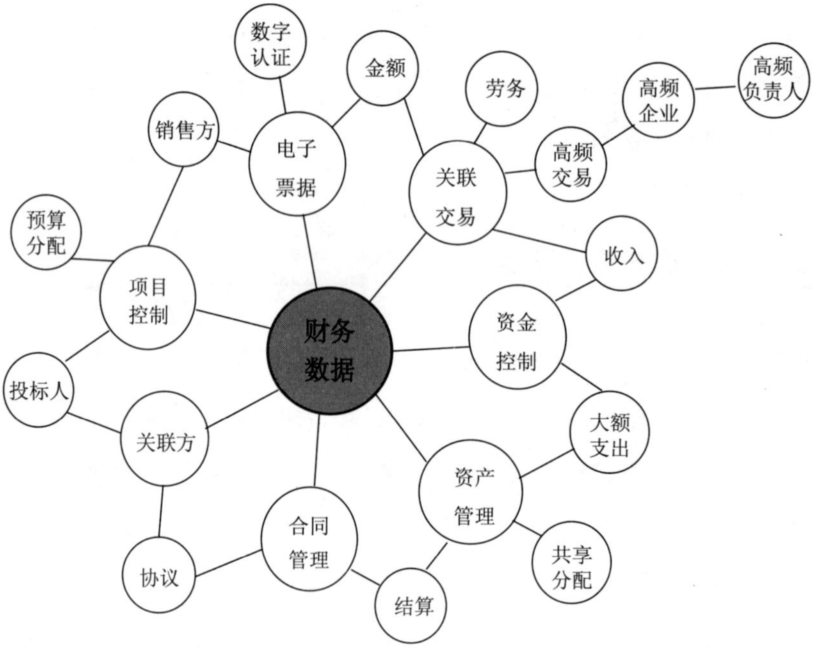

图 7-2 财务数据一风险点控图

第二节　高校风险防控框架模型

大数据时代，云计算技术激活高校财务数据，使得通过动态可靠的分析获取更加智能的风险管控策略成为可能。高校大数据平台促成高校云会计的雏形，加强了财务管理的可扩展能力，因此，以高校大数据平台的云会计为基础进行风险防控框架模型设计，能够满足高校的业务发展，覆盖学校全部经济活动的每一个环节，保障部门基本工作正常有序开展，做到对关键节点的工作流程加大防控力度，整体与局部并行。

在第四章图4-1“高校大数据平台总架构布局”的基础上，构建高校风险防控框架模型（如图7-3所示）。通过大数据平台收集高校各业务层面的数据，利用MapReduce、Hbase、Hadoop等数据程序库，将与风险防控相关的会计信息、税务信息、审计信息等财务数据进行有效提取、处理与分析，进而为高校风险防控的内部环境与目标设定、事件识别与风险分析及应对、控制活动、信息与沟通、监控提供数据支持，实现实时动态化风险防控。

一　内部环境与目标设定

内部环境和目标设定是高校防控体系建立的第一步，是进行事件有效识别、评估风险和分析风险的基础条件。而目标设定的前提则是对高校的内部环境有很细致的把控，根据高校自身的特性和特点部署发展战略，进一步制定与之契合的组织架构、制度规定以及业务计划，再由此向下细分各层面的目标。例如，货币资金使用目标，要求学校不同部门协同依照目标和制度进行全局下的资金合理使用、管理和审核，促进专款专用、预算要求的高度实现。

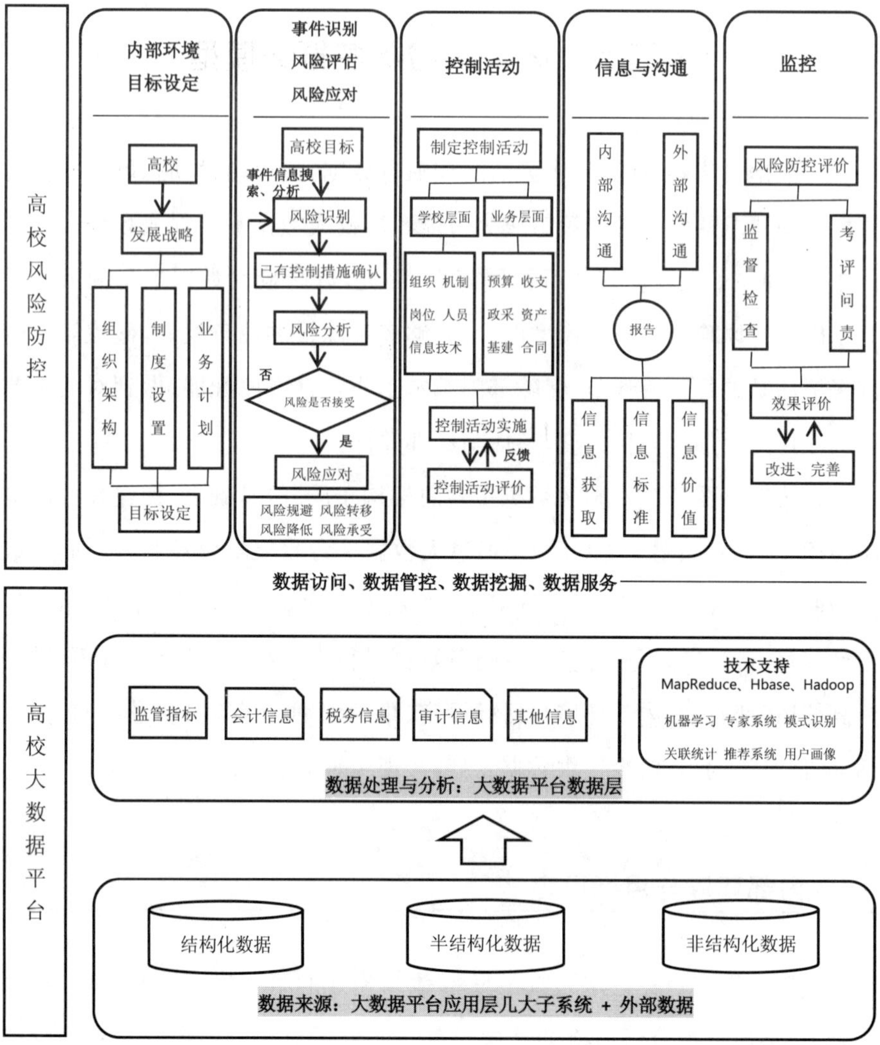

图 7-3 高校风险防控框架

二 事件识别与风险评估及应对

高校经济活动事件的风险识别内容类型广泛，建议成立专门的风险识别与评估小组，通过与教学、行政管理等具体业务人员进行信息交流与搜集、分析与处理，准确识别出各业务类型内部存在的风险，并进行数据记录与存储。通过关联性分析、模式识别、机器学习等云计算和大数据技术，进行深入分析挖掘，评估风险发生的概率和影响程度，判断风险形成的原因，找出应当重点关注的高风险业务，制定相应的风险规避、转移、降低、承受等应对措施。高校应该权衡全校各部门职能，将风险应对落实到人，统筹协调下既可以增进交流合作，也能实现对薄弱环节的螺旋有效提升，加倍风险防控。

三　控制活动

高校在学校层面和业务层面分别制定应有的控制活动。在学校层面，从宏观角度出发，制定符合战略目标和风险防控的组织机构和制度框架，主要厘清学校内部的机构、人员配置以及职责权限，形成合理的风险防控总体系；在业务层面，从微观角度出发，将业务划分为六大部分，在预算、收支、政采、资产、基建、合同等方面对高校工作做详细活动管理和控制，在学校层面的支撑下全面发展业务。为了形成良性循环，对高校经济活动的控制管理需要及时评价和反馈，以备灵活调整、日益精进。

四　信息与沟通

传统的信息传递与沟通一般都是通过办公平台、网站主页、工作邮箱等方式进行，如今在新兴科技的刺激之下，企业已经领先建立了云会计、大数据中心等信息体系，高校等事业单位在信息系统方面也开始崭露头角。高校大数据平台的建立，不仅可以加强高校对内外部环境的敏感和适应，同时可以连接部门之间、内外之间的信息沟通渠道，实现数据共享与分析，及时有效修正和调节业务目标，保证经济活动和发展战略的高度匹配。另外，越是全面高效的数据，越能够做到公开透明，避免以往因不合理的信息不对称问题造成的财务舞弊事件。

五 监控

大数据时代,海量而全面的信息能够被快速精准获取。高校也可以通过绘制数据地图并利用仪表盘等可视化工具,来实现对高校运营情况的实时、全面监控。一旦风险产生,高校能够及时做出反应,后续对风险应对的情况做出客观评价。正常状态下,从监督检查和考评问责两方面入手,高校决策层能够及时了解相关业务的状态并促进业务的高质发展,有利于做出实现整体目标的决策;当出现新问题时,面对非常态状况,高校也能够根据经验数据值进行预测判断,发现新漏洞,进而提出风险防控的改进方案,建立健全体制机制。

第三节 高校风险防控的财务指标

构建高校风险防控框架模型的关键,是能够对高校经济业务活动的重点风险防控点,实现具备科学依据的监测和控制。参照大数据平台业务应用层的设计,以及本章对高校风险业务层面控制活动的论述,进行合理的业务模块分类,可以从以下方面进行防控管理:预算业务、收支业务、政府采购业务、资产管理、基建项目、合同管理。通过对每一项业务进行深入的访问和调查,筛选能够描述业务变化趋势、反映问题节点的财务指标,由此形成一套大数据时代下的风险防控指导标准,用以构建从数据视角发现与应对风险的思维模式。

一 预算业务相关财务指标

预算管理是高校实施风险防控的重要手段。全面预算的本质是高校内

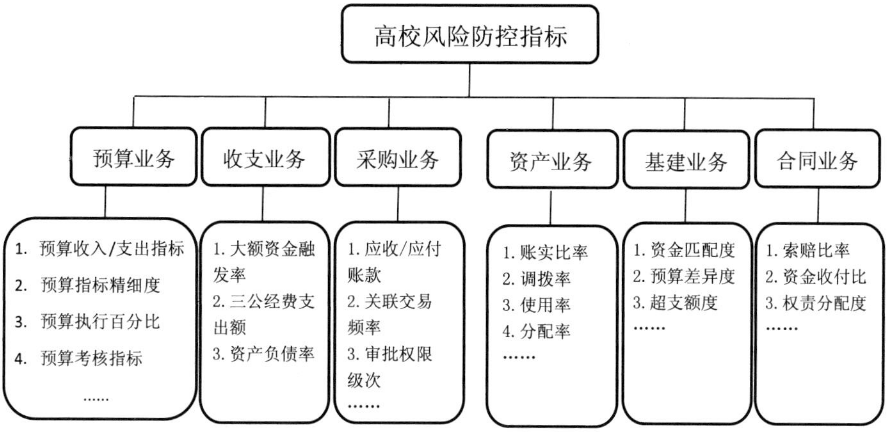

图 7-4　高校风险防控具体指标

部管理和控制的一项工具,是为了实现单位战略目标所采用的管理与控制手段。该控制手段可以对单位风险进行有效控制。全面预算的制定和实施过程,就是单位不断用量化的工具,使自身经营情况和单位的发展目标相匹配的过程,也是单位对其所面临的各种风险的识别、预测、评估与控制的过程。

《教育部直属高校经济活动内部控制指南(试行)》(教财审〔2016〕2 号)第 2 号预决算管理中第三章第九条规定:“高校财务部门应综合测算预算年度各项收入,对各单位预算建议数进行审核、汇总,经过充分论证、反复沟通实现收支平衡。对于基本建设工程、大型修缮工程、信息化项目和大宗物资采购等重大事项,应组织对项目的必要性、方案的可行性以及金额的合理性等进行科学论证,必要时应组织相关专家进行论证。”

由此,我们选取预算收入/支出指标匹配预算指标的精细度,从宏观和微观两方面严格监控高校整体的预算业务规划情况;选取预算执行百分比率、考核指标等,从预算执行层面进行管理控制,保证财务周期内高校的经济活动在合理高效范畴内平稳运行。

二 收支业务相关财务指标

资金是高校运行的血液。随着我国教育事业的蓬勃发展,资金量不断扩大,这极大地增加了高校财务部门面对的收支风险。由于高校属于财政拨款类事业单位,因此不仅需要管理和审核高校的收入来源,还需对高校大大小小的支出进行管理和审批。在经济活动之中,收支业务是最为频繁的日常业务。在对其进行风险防控方面,除了应有的制度建设、流程控制之外,在财务专业方面还应关注几大风险点:

(一)大额资金

高校根据自身的业务体量,制定大额资金限度。一般情况下,金额超过100万/500万,系统应进行提示,同时需要设定上级审批流程。一道屏障的设立,可以有效抓取日常业务中的特殊交易,一旦被提醒,系统便会对此条大额资金数据的各个细节进行密切关注追踪,同时反馈给相应的财务人员予以注意。

(二)敏感性支出

高校对不同经费制定了不同的支出管理办法。以三公经费为例,作为财政支出中颇为敏感的支出,财务人员对其必须万分警惕。每个财务年度之初,财务人员均会对此类支出进行额度控制。在日常经营之中,一定要设置好此项指标红线,同时匹配好系统关键词,遇到礼品、酒、茶、餐等敏感词汇,也应进行提示,并后台标记统计。

(三)贷款情况

高校与企业不同,绝大多数资源支持来源于上级财政,天然性质决定了其在自负盈亏方面能力很弱;但随着社会发展,高校又不得不通过银行贷款、接受捐赠等方式进行筹资运营发展，因此其资产负债结构比也是非常关键的指标之一，需要量力顺势发展。只有切实把握好全局资金面才能控制风险。

（四）票据

在大数据发展的过渡阶段，保持电子票据和纸质票据的合规合法，不重复不伪造，也是一直以来财务部门关注的风险防控点。财务部门应通过提升票据的真实性，将收支业务的防控关口前移，力求实现防患于未然，进而降低风险成本，提高效益率。

三　采购业务相关财务指标

采购业务是一个经济主体所有业务的开端，其高风险性与采购本身的特点相关，主要表现在：(1)资金链与实物链差异过大，应收账款拖欠或者应付账款流动性不足等；(2)供应商资质与信誉风险，因高校复杂的关联性交易以及非盈利性质，导致忽视商家品质或者采购人员与商家勾结等情况时有发生；(3)因为欠缺科学而恰当的采购计划、授权审批流程而引起过度采购，造成资源浪费现象严重等。

无论是教学、教辅、科研，还是行政、后勤、校医院，它们的运行都避免不了采购业务的发生，避免不了人的参与。尽管有了大数据平台的电子化运营，但依旧存在诸多风险点。财务部门从平台中选取的高频财务数据指标，满足可计量、易获取的特点，能够很好地代表采购行为的风险点。但指标并不局限于此，采购业务与支付、合同等关联密切，可交叉使用财务指标进行风险预警。

四 资产业务相关财务指标

资产本身就是高校财务会计范畴中的五大要素之一，其涉及面之广、业务量之多显而易见。根据对高校不同类型的资产分类管理，我们筛选出流程之中的风险点及与其对应的财务指标：

日常资产盘查——账实比率。根据账实是否相符，判断对应时期内资产的存量情况。

日常资产维护——调拨率、使用率、分配率等。根据资产的调拨和真实使用情况，判断资产的流动性和运维效果，判断资产价值。

此外，诸如使用期限、变现价值、出租、折旧等传统财务数据同样能够作为风险防控的数据节点，可以相互辅助、相互支持，以求最大化发现风险，降低风险。

五 基建业务相关财务指标

对高校基本建设的财务管理，因基建项目金额不同而要求不同。在实际工作中，经常存在忽略工程预算管理、验工计价管理、资金拨付管理等重要工作的情况。这一方面是由于内部控制制度不健全，审批环节薄弱，另一方面是由于轻财务重工程，导致项目价值管理性差，资金超支运行。最终造成的结果就是基建项目的投入及产出不成正比，项目无法顺利完成。

有了风险点分析之后，依据大数据提取财务数据指标，实时进行基建项目的财务资金核算，阶段性验收与预算差异度、超支度比较同步进行，以此实现对基建财务账务的监督反馈，提升资金的使用效率，也杜绝了弄虚作假现象的发生。

六　合同业务相关财务指标

合同业务在推进中的各个环节均存在一定的风险。按照合同管理业务流程来进行风险分析,可分为合同订立阶段的风险、合同履行阶段的风险、合同登记归档阶段的风险。在所有的合同元素中,最直观的财务数据就是合同金额,与之相关的还有支付方式、支付时间、支付手段等。此外,在合同履行阶段,因容易发生合同的补充、变更、解除、资金结算、纠纷等,也会与金额数目产生关联。

合同价款支付的风险主要表现在未按照合同规定的期限、金额和方式付款,可能导致学校经济利益受损或面临诉讼的风险。因此,财务人员应选取资金方面的索赔比率、合同金额收付情况、合同权责分配情况等指标,与合同中所涉及的具体经济业务类型组合,多维度分析财务数据指标,进行风险预判并选择一定的应对方法。

第四节　高校风险防控的数据分析策略

大数据的核心作用,就是通过数据学习总结规律以对未来进行预测。就像天气预报、地震预测,深入海量冗杂的数据,抓取最有用的关键点,分析预测趋势走向,揭示风险漏洞的可能性,以求防微杜渐。在高校的实际运营过程中,挪用科研经费和三公经费、违规报销、关联交易等问题屡禁不止。从概率上讲,80%以上的潜在风险不易被发现。因此高校财务人员必须运用有效的风险预警体系和监控机制,以前文中提到的高校风险防控框架模型和财务指标体系为基础,建立丰富而完善的财务数据风险规则库,对大数据平台全量数据逐一过检,对问题数据选择适宜的数据算法模型加以应对。

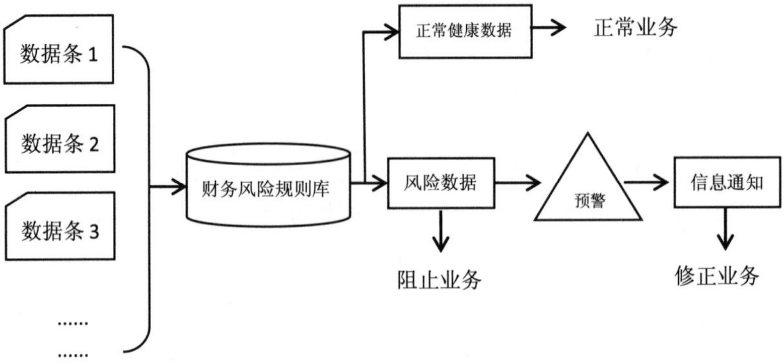

图 7-5　高校风险监控流程

一　基于历史数据的分析和判断

对大量财务历史数据进行分析,就是对大数据平台中存储的具有时间标签的各类业务数据进行反复的机器学习,不断地对涉及的每一笔交易数据信息进行验证筛查,从而逐步完善算法模型,实现对新出现的样本智能识别,精准定位风险数据,或者能够对未来趋向做出预测。

(一)支持知识积累,形成特有的高校财务专家系统

这是大数据技术从理论研究走向实际应用的过程。随着时间的流转,从真实高校业务运行中剥离出专业知识和经验,映射到计算机智能系统中。用实践供养智慧系统,用实践检验智慧系统,建立随问随答、随做随判的领域智能专家系统,从简单财务报销到复杂资金筹划等均可辅助的专家系统。

(二)支持标签提取,形成个性化用户画像

用户画像在商业领域的地位可以说是炙手可热的,随着经济的不断发展,高校经济体系同样需要这项功能。比如,通过对历史数据持续收集分析,对同一对象(教师/学生/部门……)的各类属性数据进行标签提取、横向

交叉分析，形成多维立体的画像图，可推断其个人信用度、教学贡献率、收入来源结构等个性化特征。

二　基于分类和聚类的数据分析和判断

在本书第六章中对整个财务数据链进行介绍时，我们对数据的分类聚类技术有过初步描述，可以直接应用到风险防控方面。经过分类和聚类的数据处理方式，对数据进行第一步的整理，可以快速地配合高校业务校验规则发现风险数据。高校业务校验规则覆盖高校经济活动的各个方面，如合作商户的信用值、预付款时间、汇率值域、存货、合同细则等。

同时，对即时产生的数据，即时进行分类聚类处理，经过动态聚类、重叠筛选、分流整理等过程，财务数据就像棋子一样，按规则有序地聚集到各个标有属性标签的小盒子里，有针对性地在里面进行下一轮追踪挖掘，不断迭代、深入，如洋葱般层层剥开，直到最后发现核心问题，通过风险提示的方式传递出来。

三　基于关联规则的数据分析和判断

关联规则属于数据挖掘分析领域中的老牌技术。迁移至财务数据对风险防控的作用，通过对高校经济活动中产生的财务数据、非财务数据进行关联规则分析，对风险防控体系中的财务指标进行关联规则分析，调整支持度和置信度阈值，找寻出各数据之间深层次的关系。从众多关联关系中，选取出关键代表性的指标进行重点分析，由此对高校财务风险进行预警提示。

（一）支持关联规则的自定义组合

大数据平台中产生的新财务数据，可以自由组合或拆分，增加了数据分析的灵活性，降低了耦合度；基于增长模式下的数据挖掘，对已经发现关联规则的数据类型，根据其使用频率，进行算法记忆和效率改善提升，目的是控制对模型的重复构建和对数据库的重复扫描，以此缩短时间、提高效率。

(二)支持随时禁用和启用

大数据时代下的风险防控与传统风险防控相比，主要是由事后防范提升至从事前、事中到事后的全方位风险预警和防控。为满足高校不同业务的需求，我们对数据指标的规则库设计了“随时禁用、随时启用”的功能，既能够规避干扰因素的影响，提升风险预测的准确度，又能够缩短遍历数据的分析时效。

第五节　基于数据分析的风险防控管理决策

一　高校财务数据分析可视化

随着图像处理技术、计算机视觉和用户界面技术的井喷式发展，很多人将数据可视化理解为绚丽多彩的、复杂多变的数据呈现方式。其实不然。尽管美学追求可以在一定情况下提升其功能表达效果，但数据可视化的重心一直是进行清晰有效的信息传递与沟通。这是大数据时代将数据分析挖掘结果与信息使用者连接起来的最有效桥梁，是进行管理决策的重要信息文件。

数据可视化技术通过更为广泛的数据建模、统计表达、多维属性呈现以及动画显示等技术方法，对数据进行可视化解释：

(一)灵活敏捷的可视化设计

数据分析可视化设计，可以将展示数据指标、数据分析转换为图形，比文字更直观。

(二)数据可视化支持多屏

PC端、移动端、大屏等全覆盖,方便推送和查询。

(三)跨系统、跨时域、跨平台的数据集成

支持高校大数据平台中各子系统,与校外银行系统、税务工商系统等相关数据实现无缝对接。

(四)整体情况动态展示

支持对高校财务整体情况的实时动态展示,如资产负债情况、支出情况、收入情况、预算情况、资产情况、项目情况、员工收入情况、成本消耗情况等。

(五)实时推送预警信息

支持实时提示风险凭证、审计数据统计、重点规则分布、处理情况图表、部门分布情况等信息。

高校财务数据的可视化分析供以下用户群体进行管理决策:校领导、部门领导、财务人员和相关业务人员。其中,校领导看到的决策数据是宏观层面的高级应用数据,其可视化界面具有高度概括、指标明显、重点突出、风格中性的特征,其操作结构也是极为简单的;部门领导看到的决策数据是其管理部门中微观与宏观相结合的层次丰富的业务数据,其可视化界面具有模块分类清晰、数据类型齐全的特征,其操作结构注重系统的分析功能,能够进一步深层了解细节;财务人员和相关业务人员看到的决策数据是极具微观特性的、专业领域的具化指标数据,其可视化界面具有数据类型单一、时间维度丰富、辅助信息详细的特征,其操作结构注重安全和速度、实用和简洁等实操性能。

在每一个数据可视化界面,都具有风险提示区域,针对不同使用者进行不同级别的风险提醒,同时可以连接到具体问题子系统进行具体业务控制。

整个风险防控和数据可视化系统对高校流程规划要求很高，对权限设置和分配要求很高，对系统的安全稳定性要求很高。而这些在高校搭建大数据平台的过程中就已经提前设计实行就位了。

二　风险防控的管理决策

自《孟子》中“生于忧患，死于安乐”一语，就足以看出我国深远的风险防范意识。大数据时代，将高校大数据平台打造成为最有效的“安检机”，是对数据最高价值的应用。通过对异常业务的敏锐处理，第一时间过滤风险，发挥“安检机”高效又震慑的作用，同时在平台内对各方进行全方位风险预警，支持风险决策并反馈处理结果。

高校风险防控以建立价值导向型的财务决策体系为战略目标，把重点从“管理控制”转移到“决策支持”。转型后的财务部门成为核心管理层的有机组成部分，其作用在于为战略、业务经营决策提供重要信息，从而支持学校的价值创造活动。

（一）结果评价

即对高校财务数据挖掘分析而来的可视化结果展示进行评价反馈。以财务数据指标为标准，对实际事件结果进行打分，根据分值所在区间，界定风险级别。例如，根据项目性质和执行情况，当异常报销概率超过 30%，进行预警提醒；当异常报销概率超过 50%，进行三级预警；当异常报销概率超过 70%，进行二级预警；当异常报销概率超过 90%，进行一级预警。

（二）调优决策

根据结果评价对高校各业务部门的协调程度和资源合理配置程度进行调优升级。秉承最大限度地发挥财务数据的附加值的原则，财务人员对问题环节和数据进行流程再造、制度完善、漏洞修正等补救措施之后，开展二次挖掘，再次识别和确认风险，确保风险是否降低/消除/转移，验证调优决策的有效性。例如，探索建立税务风险价值图，对每次的税务风险提示进行调优筹划并更新至价值图中，以备后续的螺旋上升发展。

有风险才会有蜕变。数据平台系统的建立，使高校能够对各项业务的费用、收益等指标进行动态跟踪，随时掌握资金的流向和流量，对各风险隐患点进行实时跟踪分析，从而把财务的角色真正转换为创造价值管理的推进者。高校应继续完善风险评价标准，用数据说话，以系统思维管理，协同共享、全员参与，逐步形成教育领域的智能生态体系。

结　语

未来：拥抱数据的高校财务

细数上一次会计领域的历史性变革，还是发生在500多年前，意大利教士卢卡·帕乔利在前人的基础上创造出复试记账法。之后的历史长河，再也没能发生过直抵会计核心的颠覆式变革。而这一次，当大数据遇到会计，无论是从数据质量、数据体量还是数据流速度方面，会计都因大数据赋能，产生了剧烈的化学反应。

高校，一个知识密集地，一个创新高发地，更是应当积极推进财务工作的信息化和数据化。从2019年开始，政府会计制度正式施行，这也为事业单位财务工作的信息化带来契机。在制度与技术的双重刺激之下，高校大数据平台应运而生。

大数据平台使高校内部实现了财务部门和教务处、学工处、人事处、科技处等相关业务部门信息系统的互联互通，财务部门能够即时调用其他部门的教职工、学生、资产、科研等原始数据及变动情况，消除了内部信息孤岛；大数据平台将高校各部门的收支业务纳入全流程管理，实现了全面预算管理，能够自动生成分析报告；大数据平台通过专网与外部的上级主管部门实现了无缝对接，实现了数据交换，也加强了财政经费的监控力度，开启了财务数据共享模式。

管理就是数据。无数据不管理，财务管理就是财务数据的管理。当技术条件已经具备，当财务数据链已经完整，当制度建设已经就位，当人才需

求已经满足,到那时,如果财务还是叫作财务的话,财务工作将从大数据平台更上一层楼,进入有史以来最高效、最可靠的时代:

(1)全国性的交易和财务数据统一平台的大环境。

(2)票据彻底无纸化。

(3)高校财务大数据平台。

(4)全业务线上流程管理。

(5)云共享与协同。

技术创新的链式反应,让自动与智能程度飞速提高。越来越多的传统基础型会计消逝,重复性的记账劳动被机器所取代,新型会计涌入到创新性工作中,向更细致的思维决策分析工作方向发展。也许就在不久的将来,随着创新工种的人数增加,创新将越来越快,更快速淘汰更多非创新性岗位。问题可能会增加,但解决问题的速度也会越来越快,我们的社会将进入一个全面自动化的社会,其运行速度可能快到无法预估。

今天,大数据、云计算、物联网等支撑技术已经成熟,财务数据分析技术条件也已经具备。随着应用层面的不断探索,拥抱数据的财务世界可期,拥抱数据的高校财务可期!

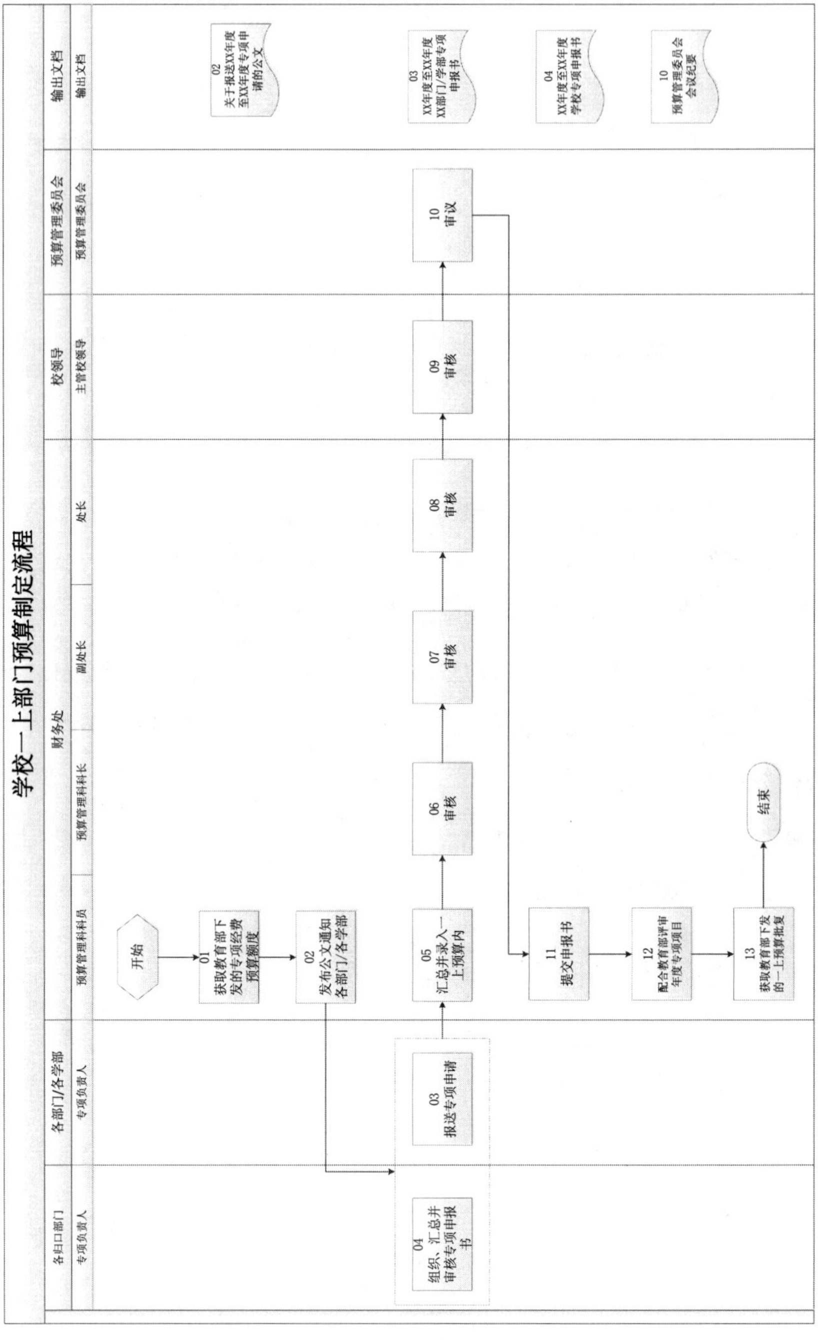

图 1 高校一上部门预算制定流程

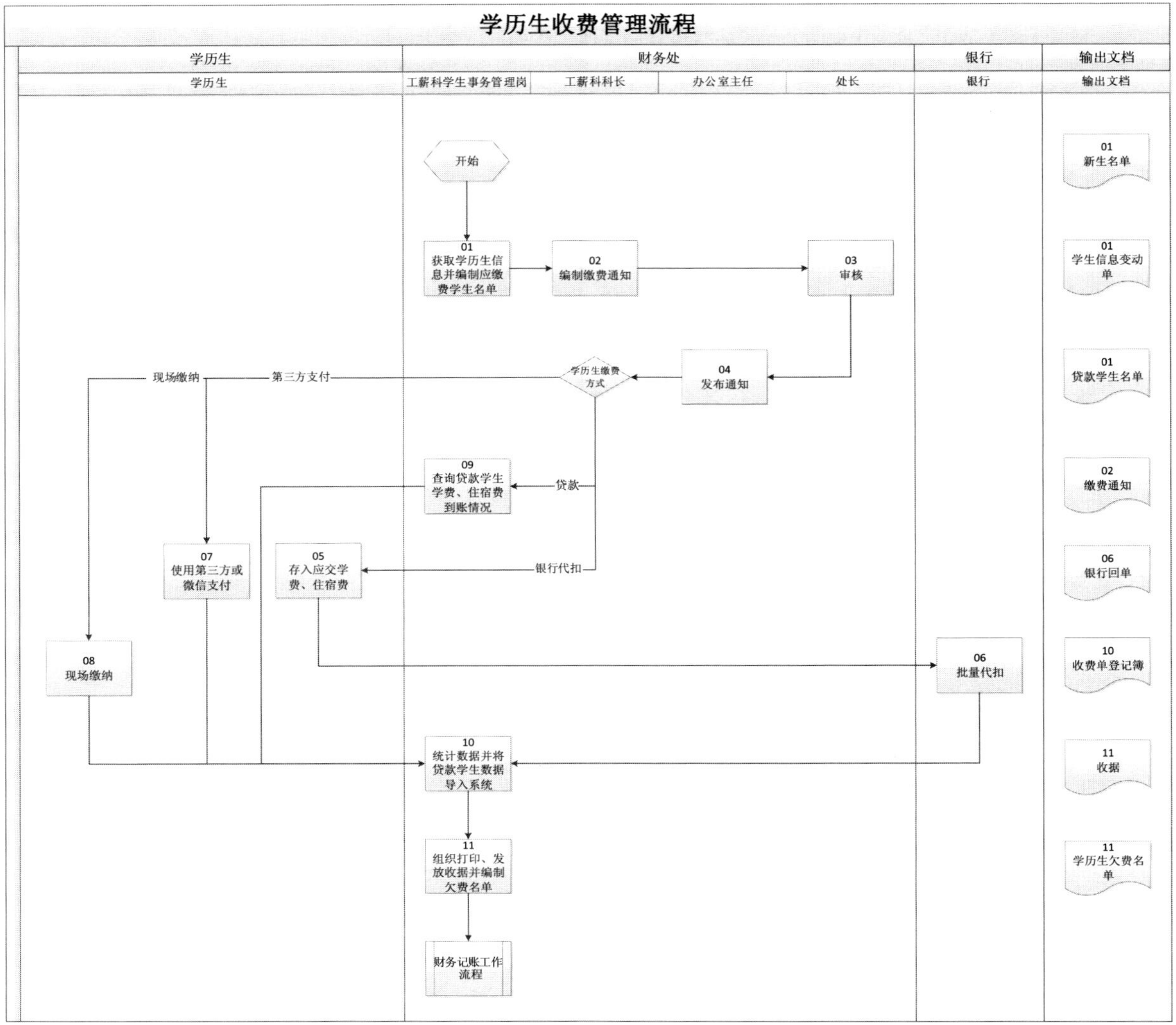

图 2　高校学历生收费管理流程

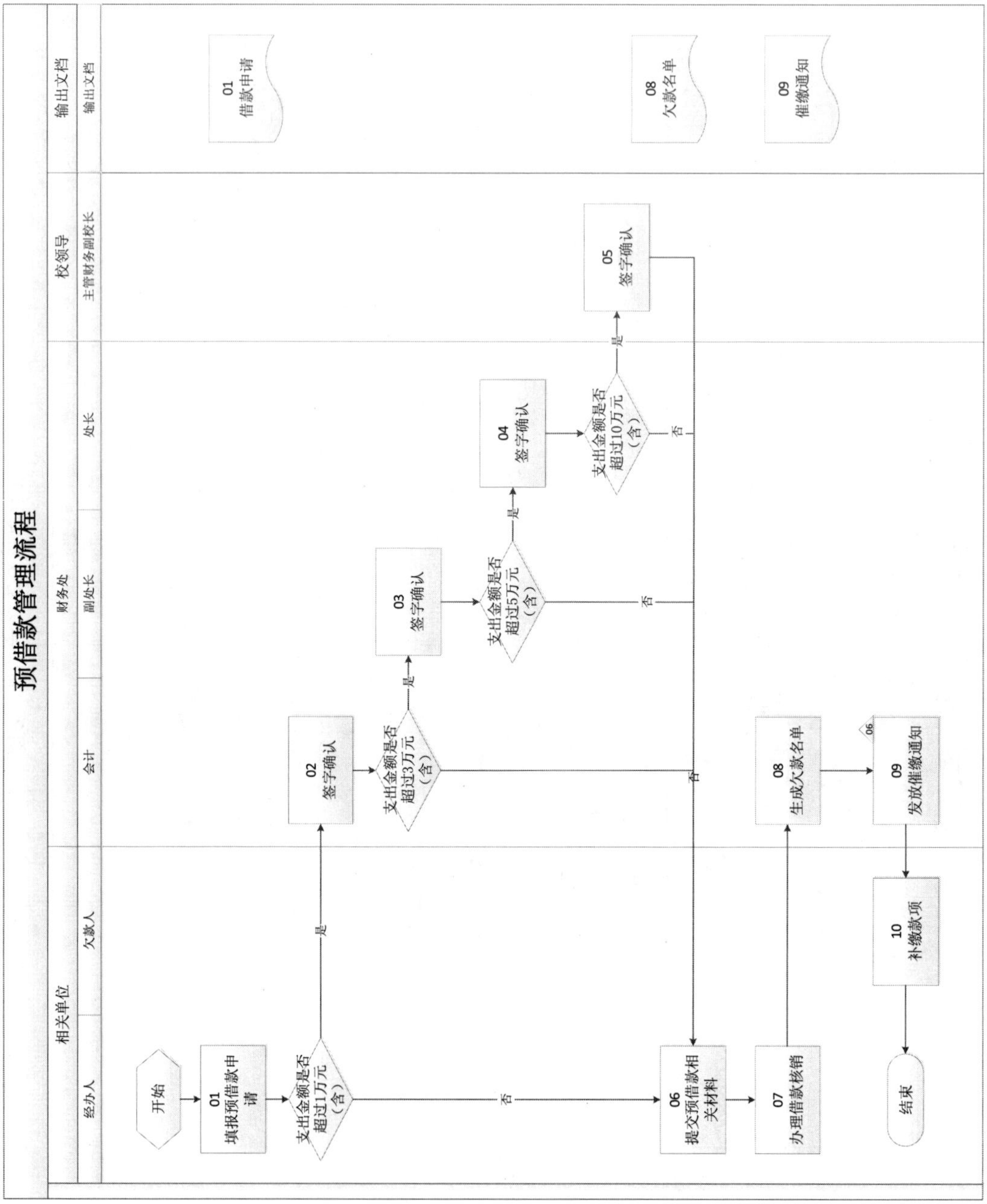

图3 高校预借款管理流程

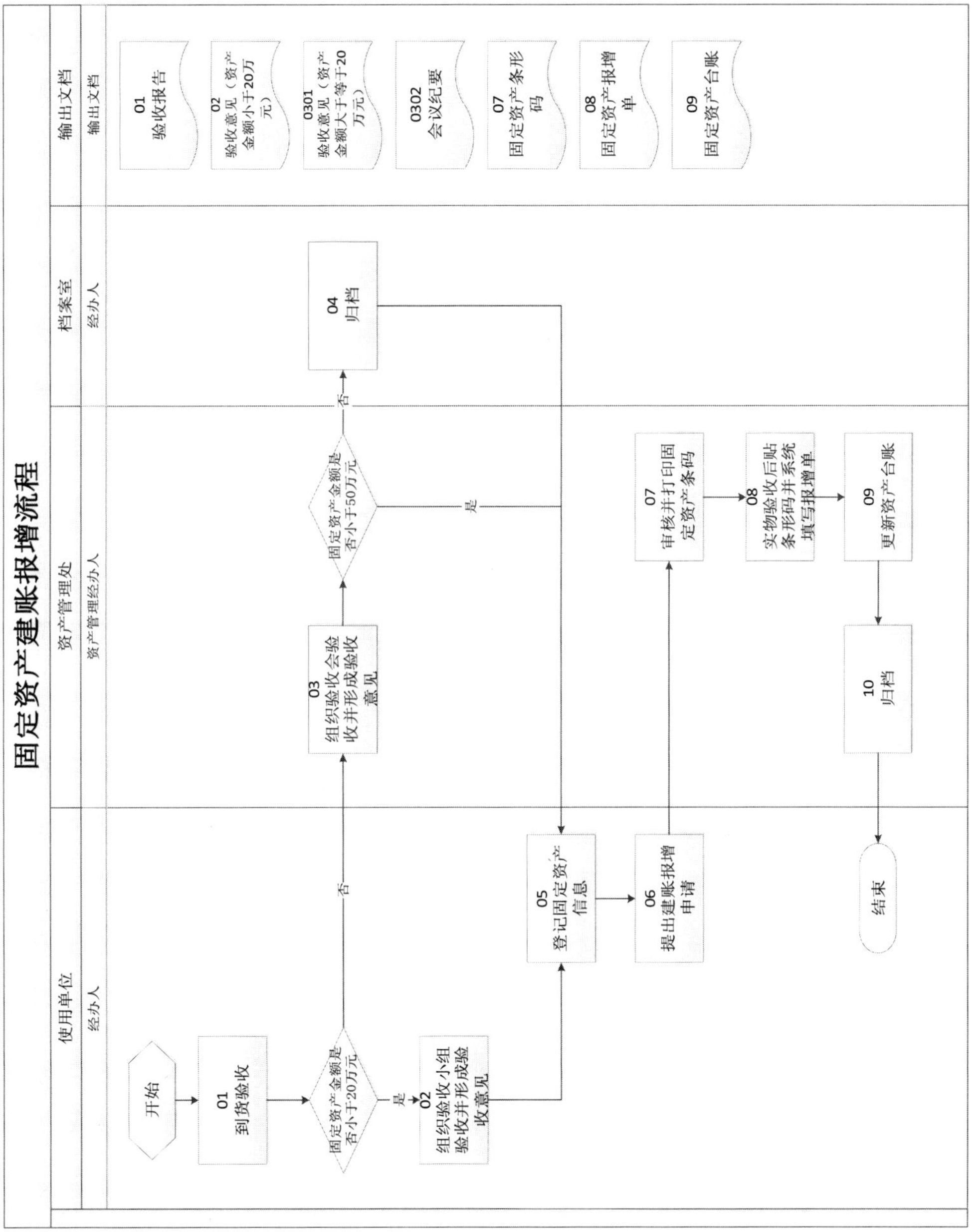

图4 固定资产建账报增流程

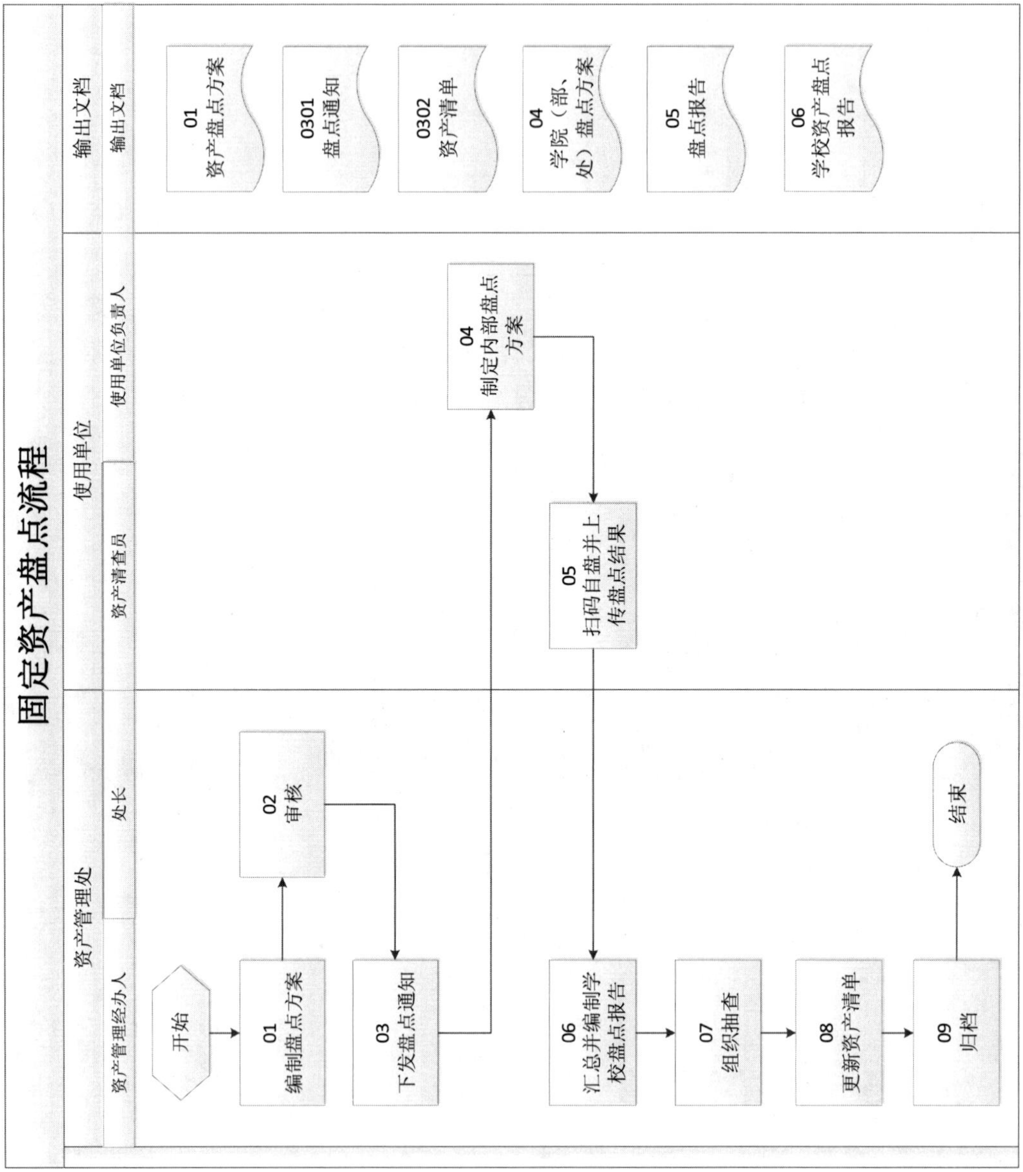
固定资产盘点流程
资产管理处
资产管理经办人
处长
使用单位
资产清查员
使用单位负责人
输出文档
输出文档
开始
01
编制盘点方案
02
审核
03
下发盘点通知
04
制定内部盘点方案
05
扫码自盘并上传盘点结果
06
汇总并编制学校盘点报告
07
组织抽查
08
更新资产清单
09
归档
结束
01
资产盘点方案
0301
盘点通知
0302
资产清单
04
学院（部、处）盘点方案
05
盘点报告
06
学校资产盘点报告

图5 固定资产盘点流程

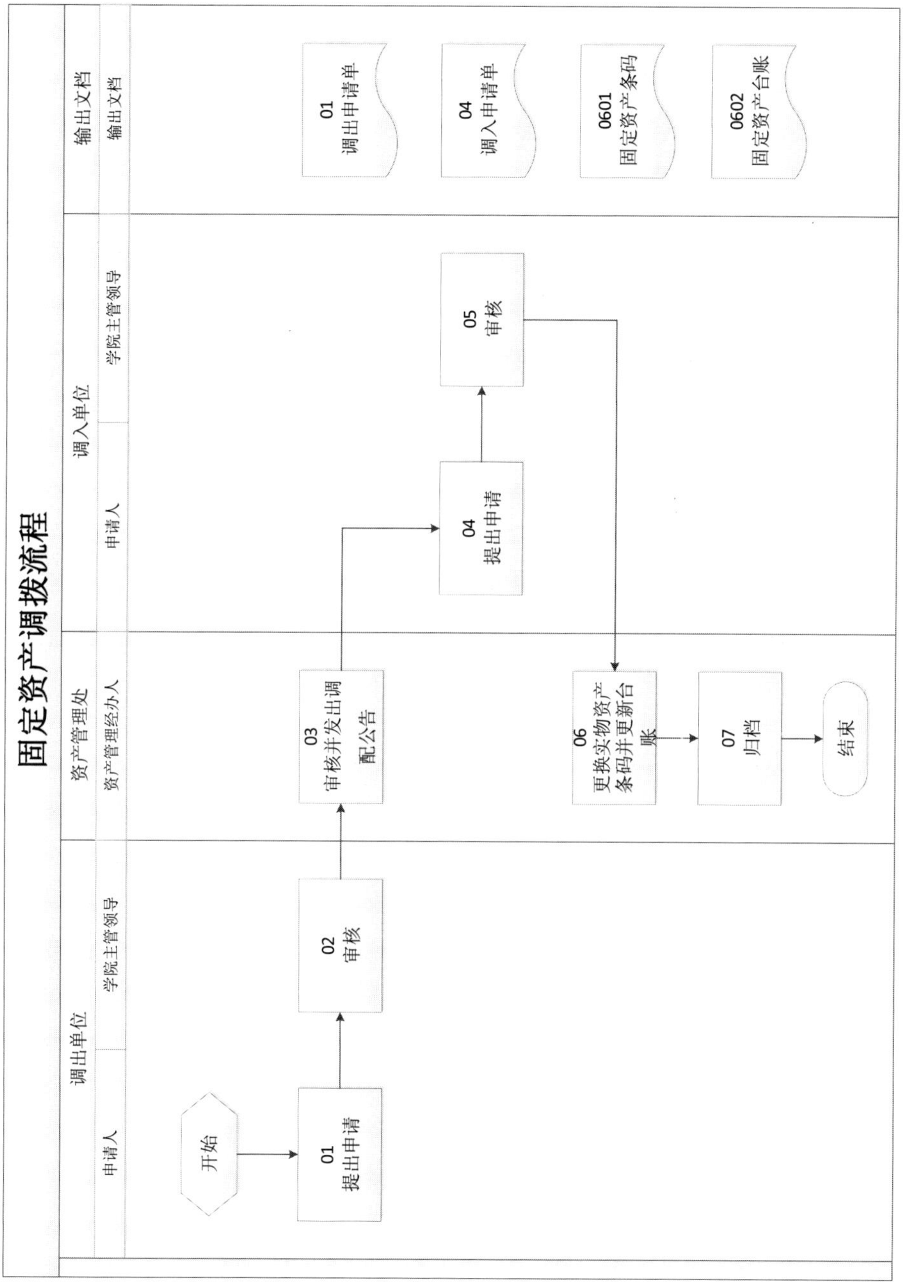

图 6 固定资产调拨流程图

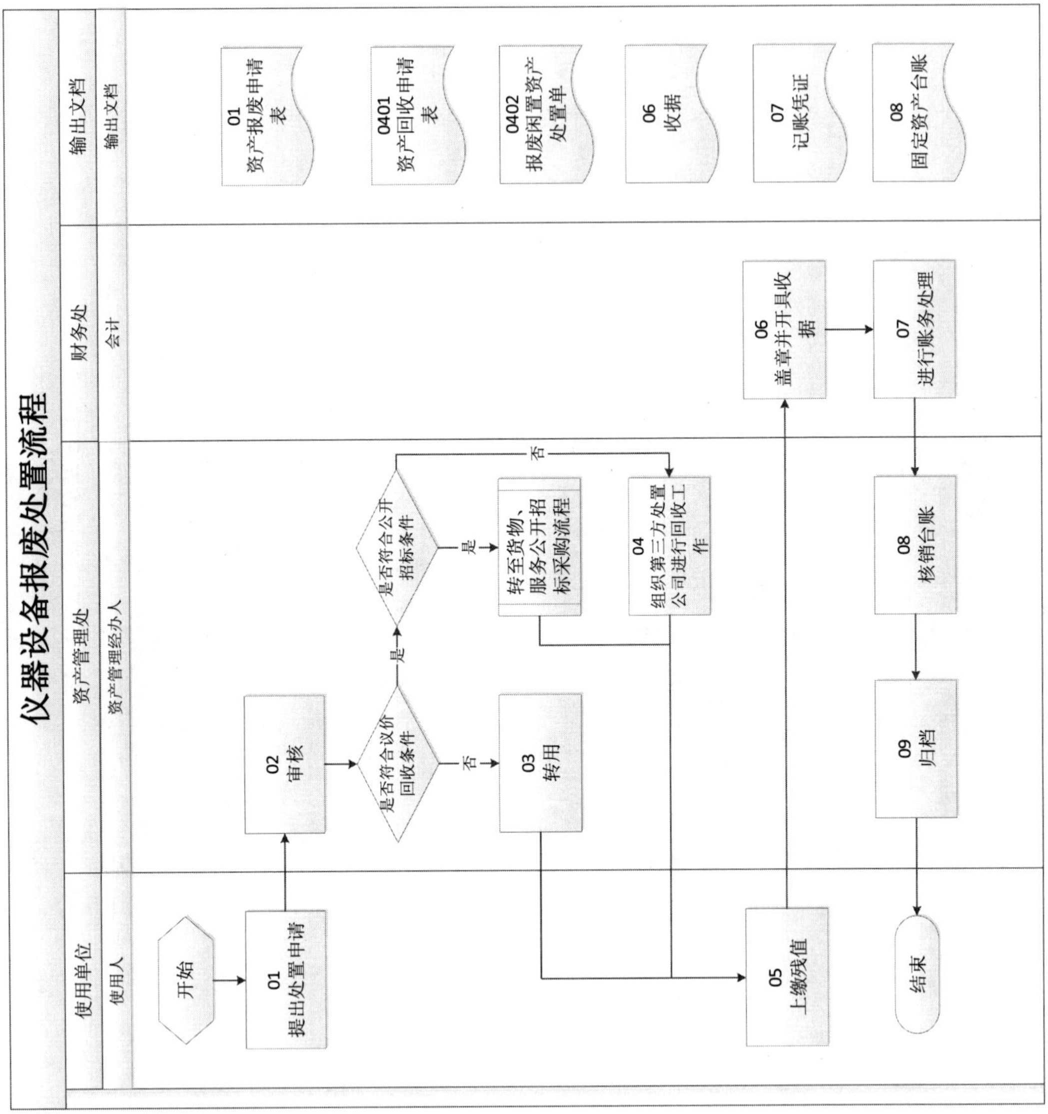

图 7　仪器设备报废处置流程

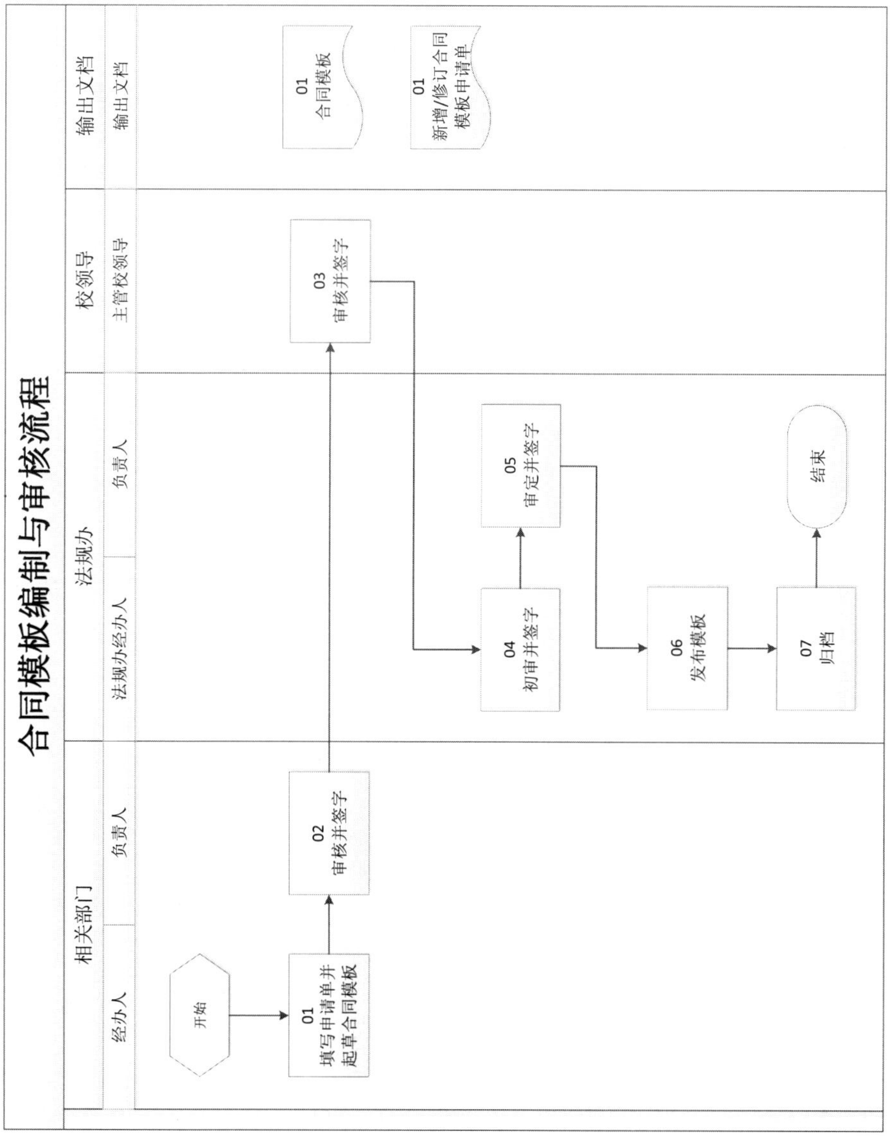

图 8　合同模板编制与审核流程

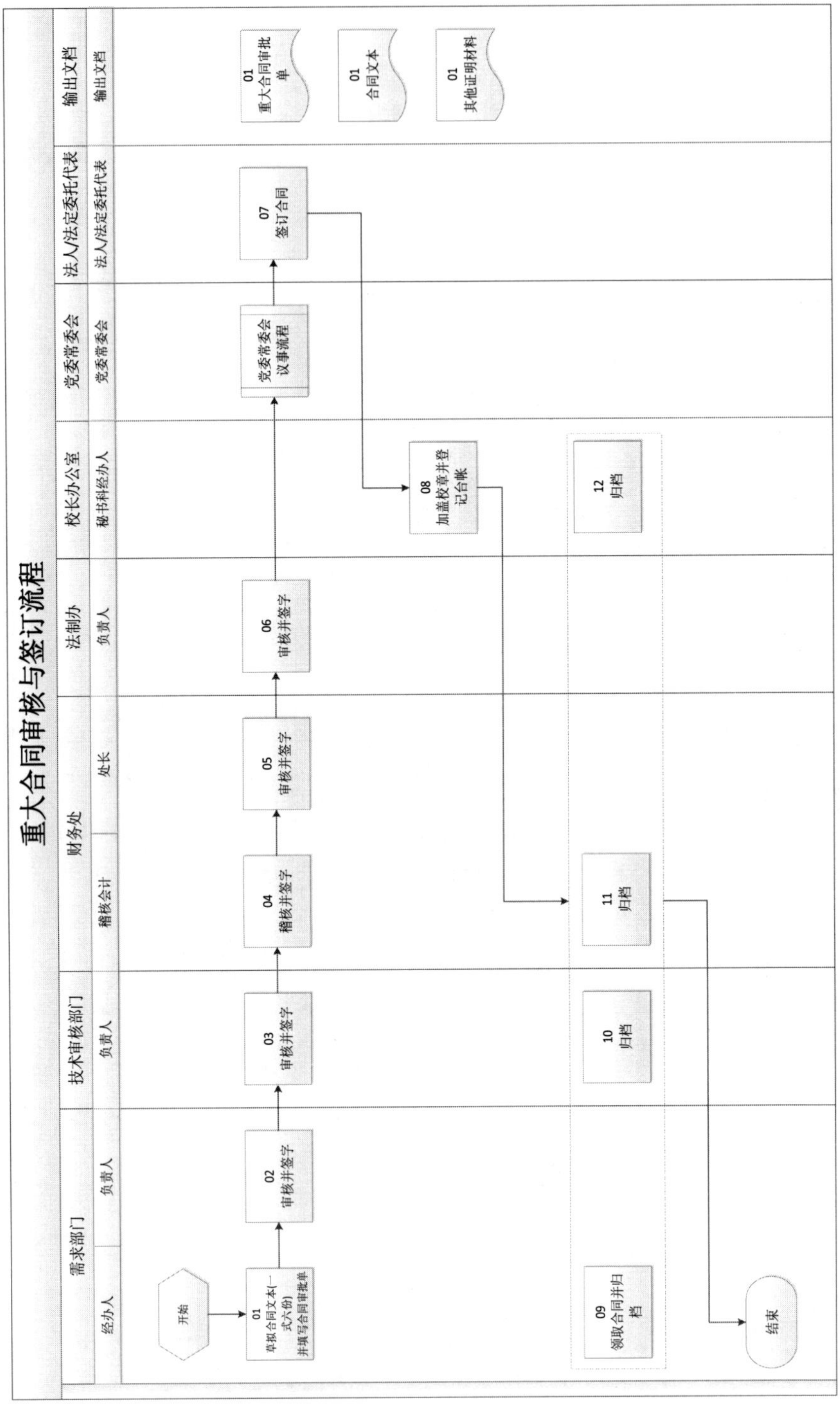

图9 重大合同审核与签订流程

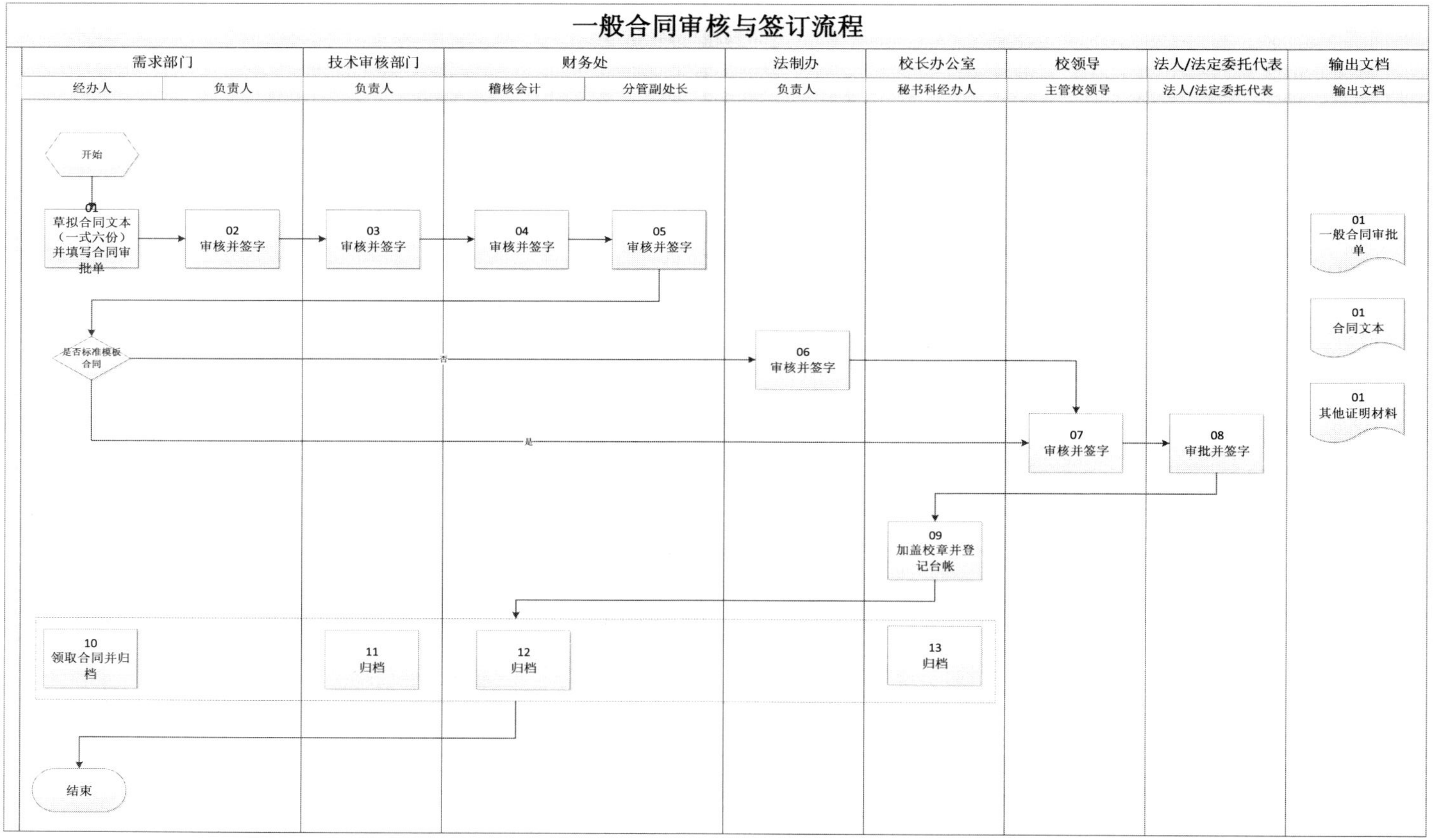

图 10　一般合同审核与签订流程

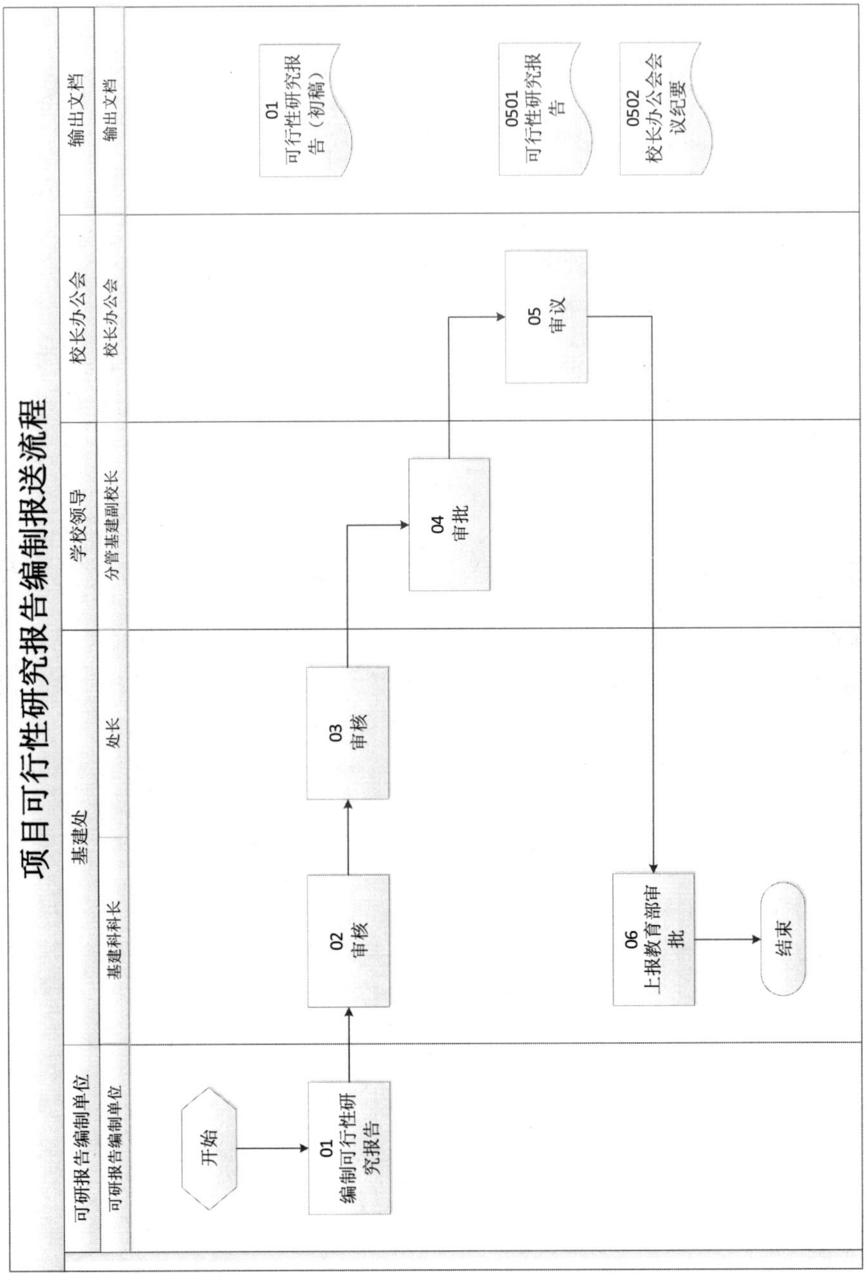

图 11　项目可行性研究报告编制报送流程

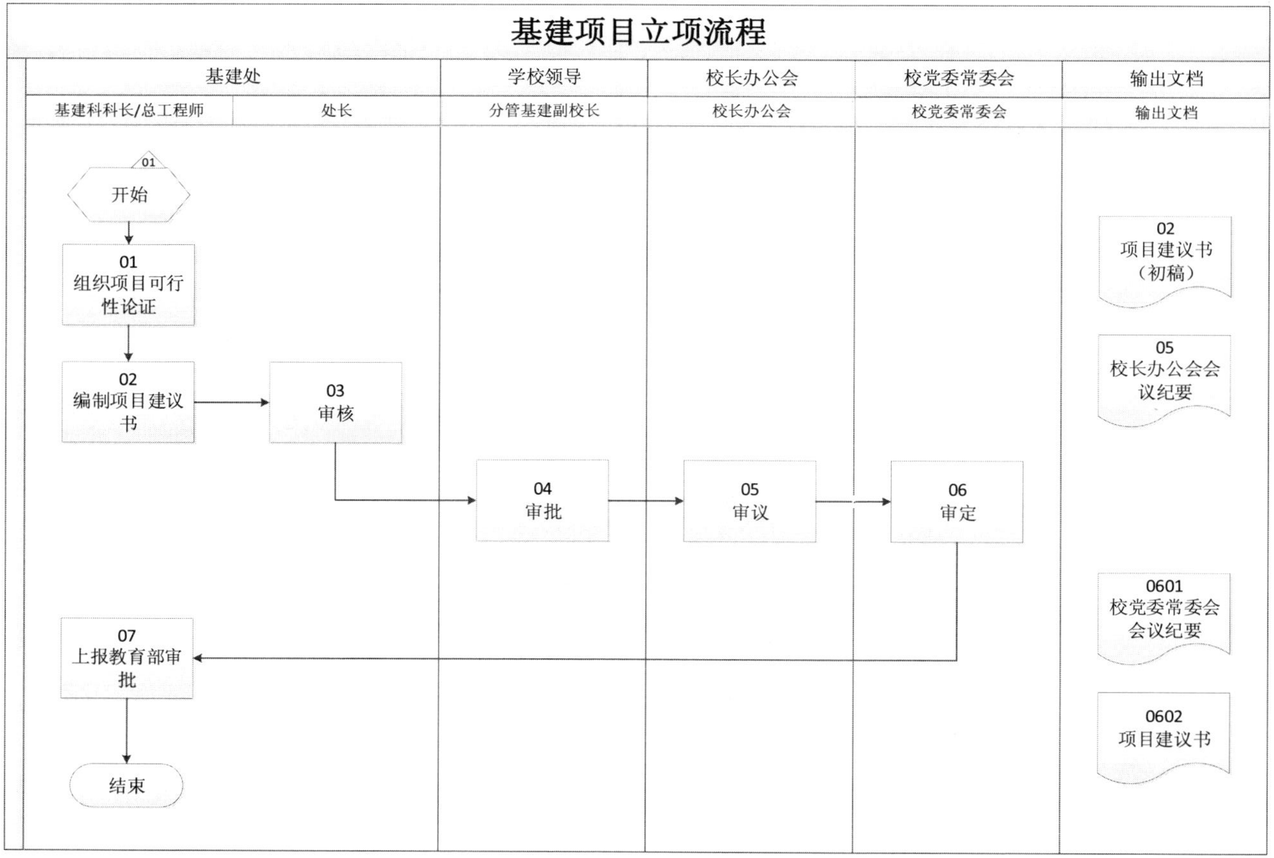

图 12　基建项目立项流程

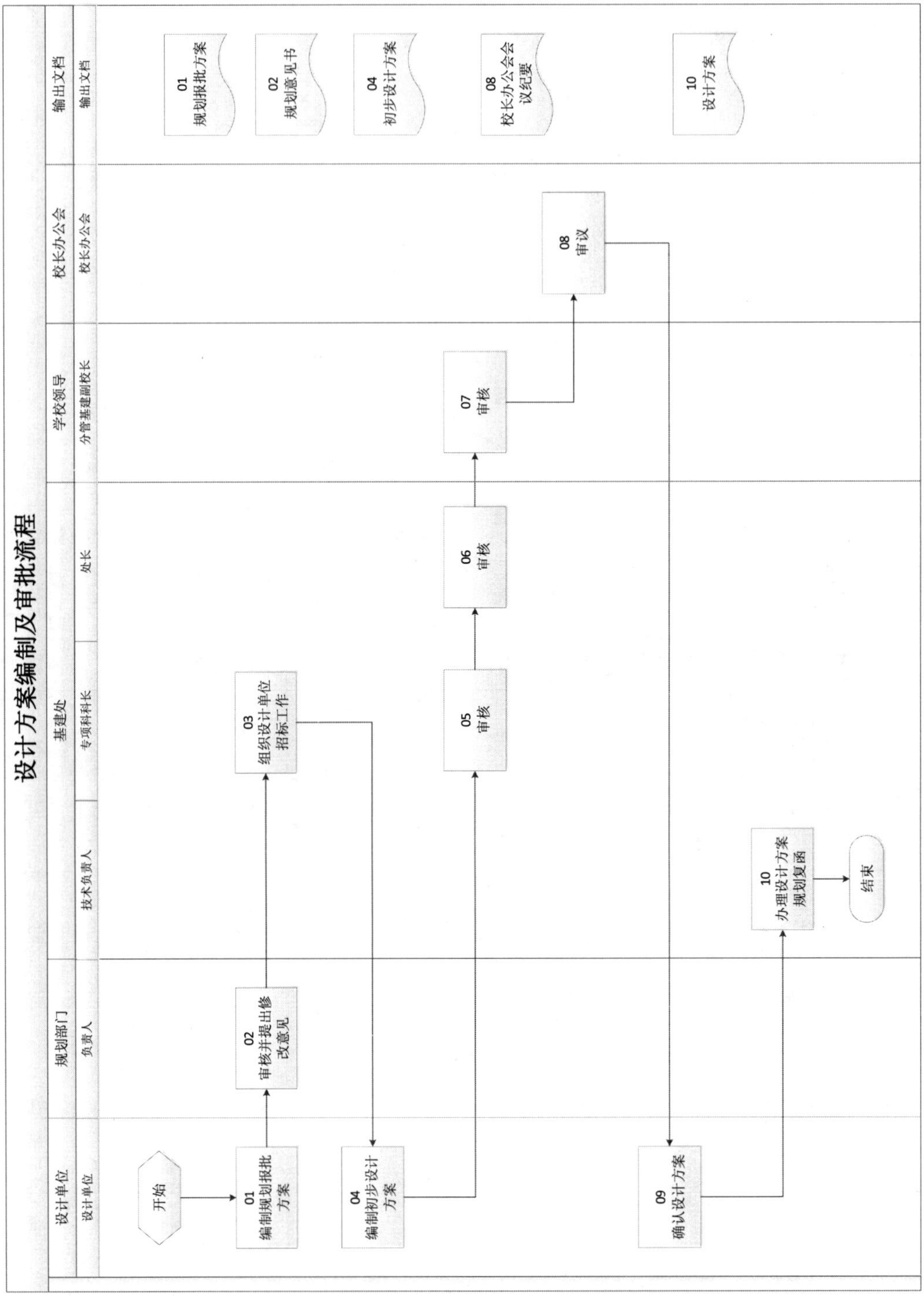

图 13　设计方案编制及审批流程

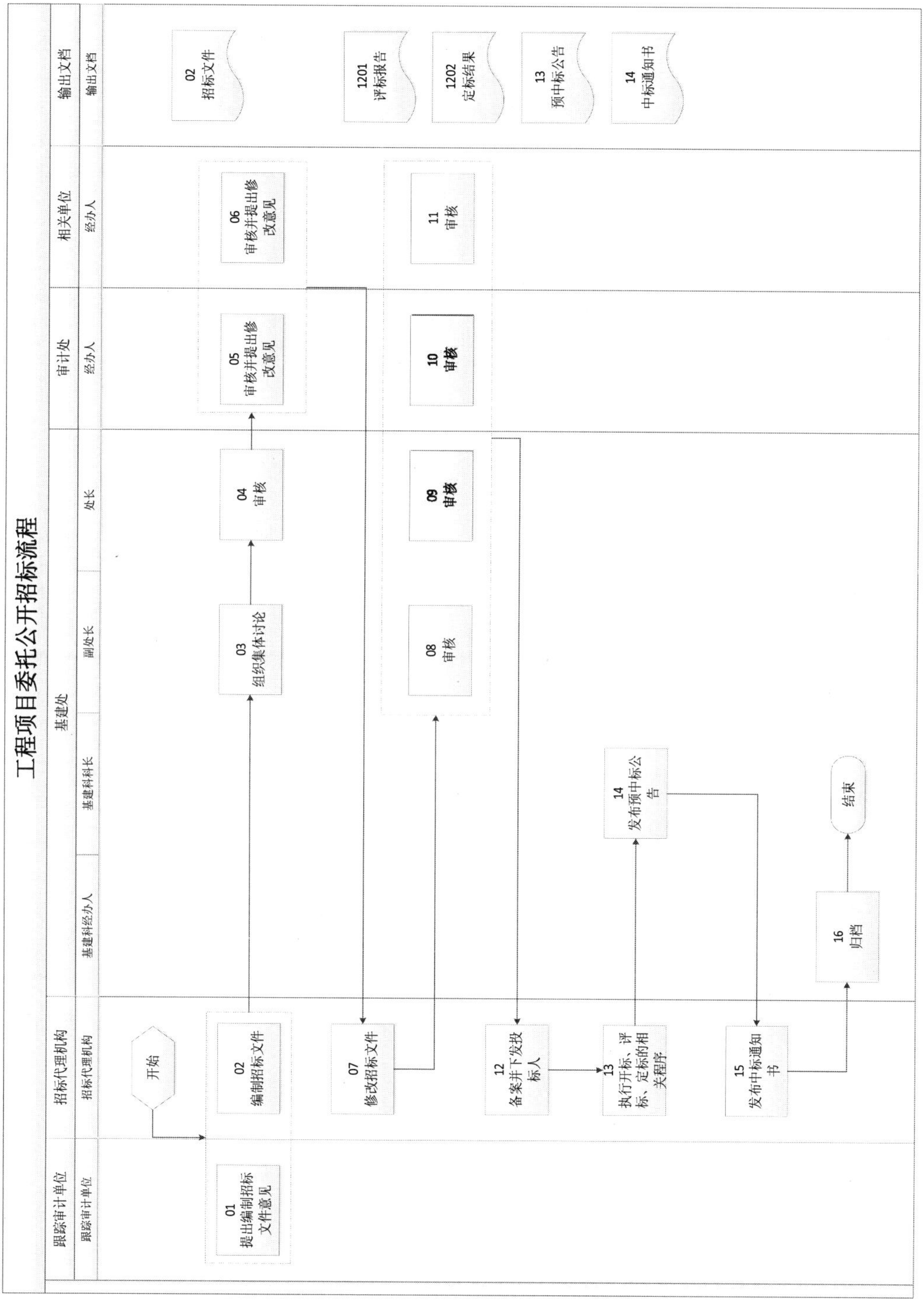

图 14 工程项目委托公开招标流程

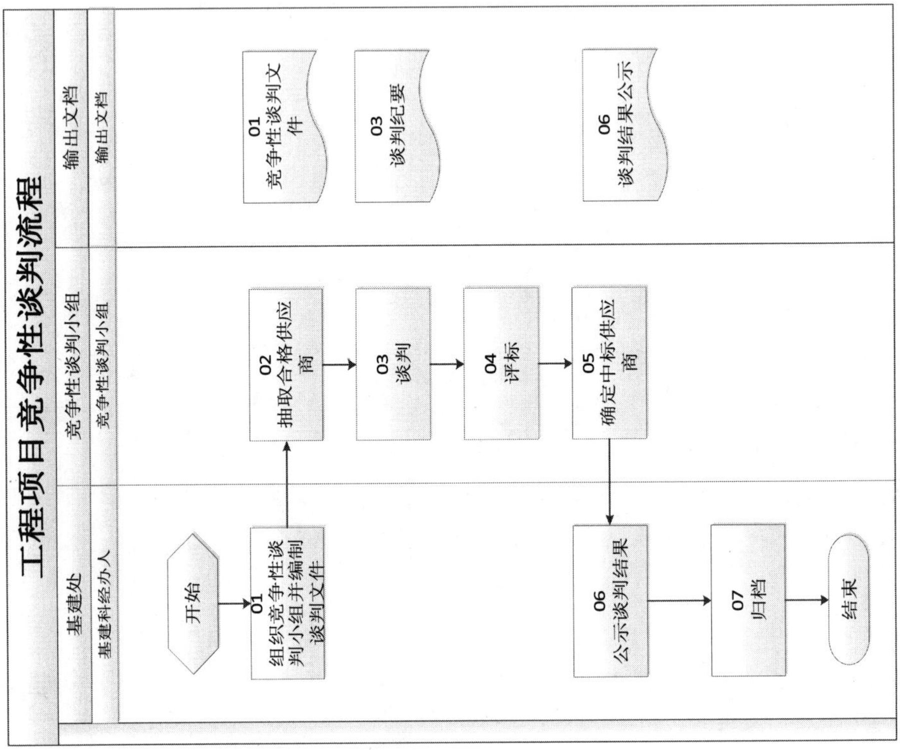

图 15　工程项目竞争性谈判流程

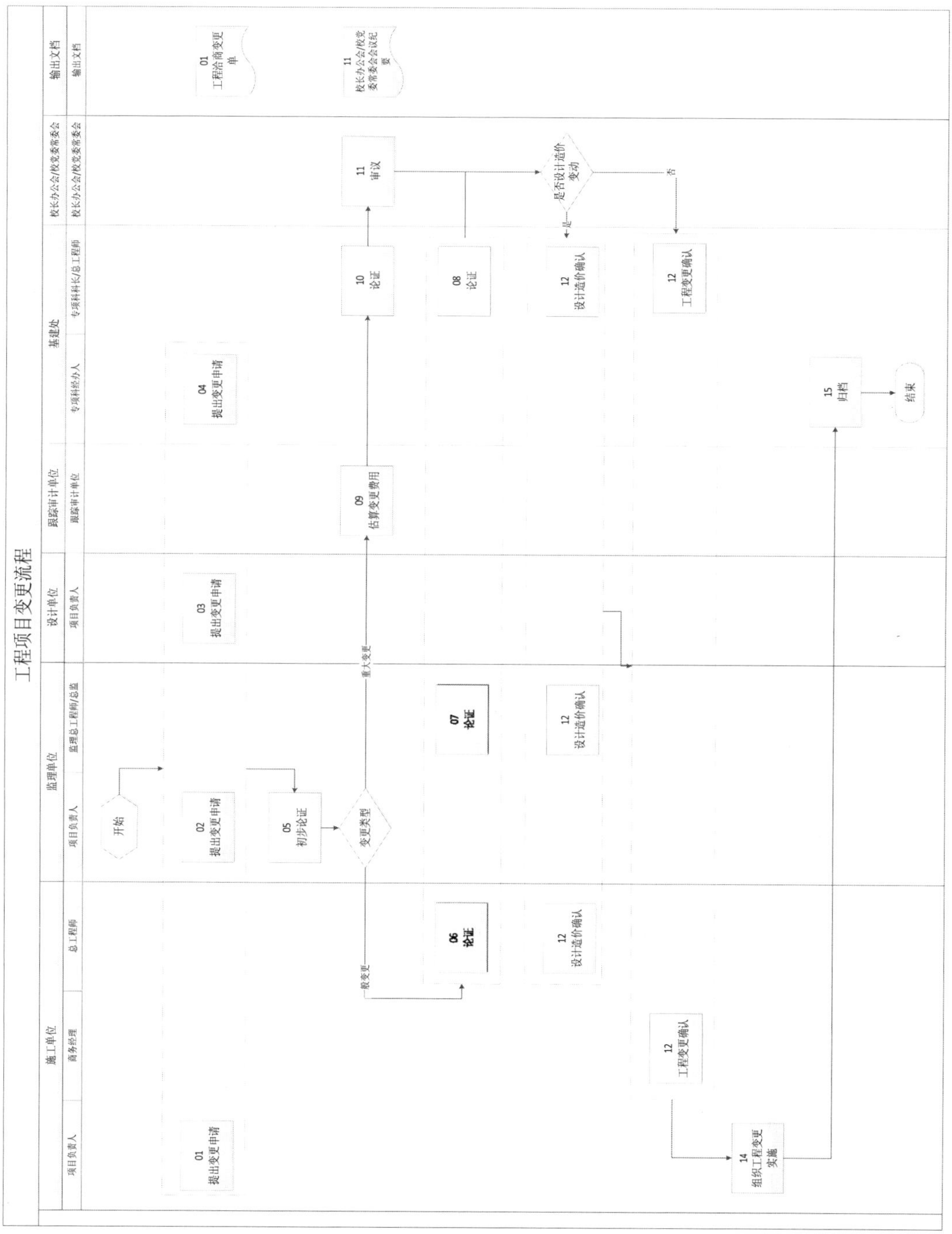

图 16 工程项目变更流程

参考文献

[1]林正楷,吴希捷.大数据时代企业所面临的挑战与应对[J].计算机光盘软件与应用,2014(12).

[2]刘华林.浅谈大数据在智慧城市发展中的应用[J].云南省测绘地理信息学会2017年学术年会论文集,2017(11).

[3]赖阳,韩凝春.论"云消费"时代的零售革命(上)[J].商业时代,2014(4).

[4]曹九炎.论大数据时代传统零售业的营销策略[J].辽宁经济,2017(3).

[5]杨永强.大数据时代的应用研究[J].电脑编程技巧与维护,2014(8).

[6]张春英.关于大数据背景下高校图书馆服务创新的研究[J].赤峰学院学报(自然科学版),2018(5).

[7]刘海滨,刘佳明,纪文强.大数据基础理论与关键技术新观察[J].军民两用技术与产品,2014(4).

[8]张磊,顾景民.企业大数据建设的技术瓶颈[J].科技视界,2016(23).

[9]韩莉莉.大数据时代下统计思维变革综述[J].现代商业,2017(5).

[10]沈洁.电信运营商对大数据的应用[J].通讯世界,2017(16).

[11]林嘉怡.大数据时代移动终端界面设计创新趋势研究[J].包装工程,2017(2).

[12]杨曙.大数据时代下的数字出版营销策略[J].晋中学院学报,2015(2).

[13]JOHN C B,郑磊,徐慧娜,包琳达.大数据与开放数据的政策框架:问题、政策与建议[J].电子政务,2014(1).

[14]李社.积极发展大数据产业[J].理论与当代,2014(8).

[15]唐杰,陈文光.面向大社交数据的深度分析与挖掘[J].科学通报,2015(2).

[16]陈颖.大数据发展历程综述[J].当代经济,2015(8).

[17]王祎珺,陈晓军.高校大数据研究综述[J].中国科技信息,2018(16).
[18]王龙,潘晓勇.浅谈大数据技术及其发展趋势[J].科技资讯,2018(2).
[19]宁宣凤,吴涵.浅析大数据时代下数据对竞争的影响[J].汕头大学学报(人文社会科学版),2017(5).
[20]张洪云,姜茂盛.大数据的前世今生[J].城市管理与科技,2013(5).
[21]刘志强.贵州:乘“云”直上跃入大数据产业发展前列[J].广西经济,2015(6).
[22]苏江元.贵阳大数据交易所打造全国数据交易枢纽[J].当代贵州,2016(50).
[23]王伟,王瑛,刘静楠.我国大数据研究综述及其在城乡规划领域应用机制探索[J].北京规划建设,2017(6).
[24]朱扬勇,熊贇,廖志成,叶雅珍.数据自治开放模式[J].大数据,2018(2).
[25]杨安.大数据与社会治理创新[J].观察与思考,2017(3).
[26]王小玲.大数据在企业信息化中的应用创新[J].自动化博览,2018(6).
[27]黄浩.开放与共享:城市释放数据资产价值[J].智慧中国,2018(1).
[28]陈桂龙.中国大数据发展十大趋势[J].中国建设信息化,2018(12).
[29]吴勇毅.抢占数字经济发展高地大数据产业集群崛起[J].上海信息化,2018(8).
[30]李学国.基于成果导向培养大数据技术创新型人才研究[J].电脑迷,2018(1).
[31]王能星.基于大数据视角下中国跨境电商海外仓物流发展研究[J].无线互联科技,2017(16).
[32]曹欣.大数据时代图书馆面临的机遇与挑战[J].科技情报开发与经济,2014(24).
[33]李言瑞,陈超,姚瑞全,侯惠群.大数据对情报工作的影响研究[J].图书情报工作,2016(S1).
[34]宫夏屹,李伯虎,柴旭东,谷牧.大数据平台技术综述[J].系统仿真学报,2014(3).
[35]高波.大数据:电子数据证据的挑战与机遇[J].重庆大学学报(社会科学版),2014(3).
[36]涂兰敬.专家观点:“大数据”与“海量数据”的区别[J].网络与信息,2011(12).
[37]任毅,费明明,赵晓欢,甘文田.大数据在高等教育信息化改革中的创新应用[J].中国成人教育,2016(14).
[38]徐安令.大数据时代的数据隐私安全研究[J].电脑迷,2016(3).
[39]梁红波.大数据技术引领物流业智慧营销[J].中国流通经济,2015(2).
[40]孙权,王明宇.电商淘金:探究大数据中蕴藏的无限商机[J].中国商论,2014(12).

[41]代亮,陈婷,许宏科,钱超,梁殿鹏.大数据测试技术研究[J].计算机应用研究,2014(6).
[42]王琪.大数据视角下统计工作模式的研究——大数据对"企业一套表"制度的冲击[J].现代商业,2016(26).
[43]韩瑛.大数据在信息系统设计与推广中的思考[J].中国管理信息化,2015(2).
[44]郑志新.大数据时代电子商务产业数据管理与共享机制[J].信息技术与信息化,2016(6).
[45]梁光华.大数据时代对高校的影响[J].科技文献信息管理,2016(3).
[46]陈慧,龚婷雨.浅谈大数据技术在物联网产业中的应用[J].江西通信科技,2017(1).
[47]李思良,李思贤.基于大数据的机械制造模式研究[J].科技创新与应用,2017(8).
[48]陈论.大数据的发展与应用[J].科技展望,2016(29).
[49]唐俊林.大数据技术应用现状及发展趋势研究[J].信息记录材料,2018(12).
[50]龚芳海,李文彪.基于互联网的大数据挖掘关键技术分析[J].无线互联科技,2018(4).
[51]方巍.大数据:概念、技术及应用研究综述[J].南京信息工程大学学报(自然科学版),2014(11).
[52]杨有韦.政府大数据典型应用解读[J].大数据时代,2016(1).
[53]刘立斌.大数据的研究及其应用[J].江苏通信,2017(4).
[54]周雪璇,穆睿.国家大数据战略对企业未来营销战略的影响[J].时代金融,2016(14).
[55]财政部,教育部.教育部直属高校经济活动内部控制指南(试行)[S].2016.
[56]钟邦秀.跨国公司财务共享服务中心体系设计与实现[J].会计之友,2012(12).
[57]金昕玮.高校财务共享管理模式的应用分析[J].纳税,2017(15).
[58]郑星.集团公司财务共享服务中心的系统构建研究[D].2016.
[59]江小琴.高校财务共享服务平台框架设计研究[J].教育财会研究,2017.
[60]靳淑雁,崔书亭,郑静,林德南.医疗机构廉政风险防控平台的研究与发现[J].2017(12).
[61]申兵.大数据对高校财务管理产生的影响及对策[J].2018(7).
[62]陈瞳,朱志慧.大数据技术的发展情况综述[J].2017(3).
[63]刁奕.大数据时代下电力企业财务内部风险控制[J].2018(10).
[64]李雄平,邢彪,朱家位,张天有.大数据时代下高校财务管理信息建设探讨[J].2018(6).
[65]郝岚.大数据时代财务管理思维的转变与创新[J].2017(12).
[66]王建民.大数据背景下高效财务风险及防范机制[J].2018(1).

[67]余燕芳.教育大数据背景下学分银行信息管理平台设计理念与技术架构研究[J].中国远程教育,2015(6).

[68]吴慧香.数据挖掘在财务风险预警系统中的应用[J].财会通讯,2008(2).

[69]盛高峰.面向管理会计应用的大数据方法研究——基于关联规则算法的企业管理会计风险分析[D].兰州大学,2018(4).

[70]中兴财务云.FSSC 防控术:风险模型架构[J].首席财务官,2016(9).

[71]魏明,夏立均,贾玉凤.事业单位内部控制与管理[M].北京:经济科学出版社,2014.

图书在版编目(CIP)数据

大数据时代:高校财务数据分析与风险防控之路 /周星秀, 连长嵩, 潘苗著.
-- 北京:中国传媒大学出版社, 2019.12
ISBN 978-7-5657-2656-9

Ⅰ. ①大… Ⅱ. ①周… ②连… ③潘… Ⅲ. ①高等学校—财务管理—风险管理—研究—中国 Ⅳ. ①G647.5

中国版本图书馆 CIP 数据核字(2019)第 290548 号

大数据时代:高校财务数据分析与风险防控之路

DASHUJU SHIDAI:GAOXIAO CAIWU SHUJU FENXI YU FENGXIAN FANGKONG ZHI LU

著 者	周星秀 连长嵩 潘 苗
责任编辑	欧丽娜
封面设计	卡古鸟设计
责任印制	李志鹏
出版发行	中国传媒大学出版社
社 址	北京市朝阳区定福庄东街 1 号 邮编:100024
电 话	86-10-65450528 65450532 传真:65779405
网 址	http://cucp.cuc.edu.cn
经 销	全国新华书店
印 刷	北京玺诚印务有限公司
开 本	710mm × 1000mm 1/16
印 张	11
字 数	163 千字
版 次	2019 年 12 月第 1 版
印 次	2019 年 12 月第 1 次印刷
书 号	ISBN 978-7-5657-2656-9/G · 2656 **定 价** 58.00 元